西安交通大学马克思主义学院学术著作出版基金资助出版

莫道桑榆晚　为霞尚满天

——西安市高知老年群体访谈录

主　编：杜晓燕

副主编：沈　沛　邱　陶

中国纺织出版社有限公司

图书在版编目(CIP)数据

莫道桑榆晚　为霞尚满天：西安市高知老年群体访谈录 / 杜晓燕主编. -- 北京：中国纺织出版社有限公司, 2021.4

ISBN 978-7-5180-8407-4

Ⅰ. ①莫… Ⅱ. ①杜… Ⅲ. ①老干部－访问记－西安－现代 Ⅳ. ①K820.841.1

中国版本图书馆CIP数据核字（2021）第040694号

责任编辑：郭　婷　　责任校对：王蕙莹　　责任印制：储志伟

中国纺织出版社有限公司出版发行

地址：北京市朝阳区百子湾东里 A407 号楼　邮政编码：100124

销售电话：010—67004422　传真：010—87155801

http://www.c-textilep.com

中国纺织出版社天猫旗舰店

官方微博 http://weibo.com/2119887771

三河市延风印装有限公司印刷　　各地新华书店经销

2021 年 4 月第 1 版第 1 次印刷

开本：710×1000　1/16　印张：14.25

字数：260 千字　定价：58.00 元

前　言

民政部预测数据显示，“十四五”期间，全国老年人口将突破3亿，我国将从轻度老龄化迈入中度老龄化阶段。最新召开的十九届五中全会提出要实施积极应对人口老龄化国家战略，有效开发老龄人力资源，发展银发经济，推动养老事业和养老产业协同发展，健全基本养老服务体系。可以说，中国特色社会主义新时代，让中国3亿老年人能够安享晚年、乐享晚年是“国之大计”，也是实现人民对美好生活心向往的使命担当。习近平总书记强调：“要积极看待老龄社会，积极看待老年人和老年生活，老年是人生命的重要阶段，是仍然可以有作为、有进步、有快乐的重要人生阶段”，全社会行动起来“要为老年人发挥作用创造条件，引导老年人保持老骥伏枥、老当益壮的健康心态和进取精神，发挥正能量，做出新贡献。”让老年人既“老有所乐”，也“老有所为”，充分体现了党和国家对老龄事业的高度重视和重大关切。

1982年，第一次世界老龄大会首次提出老龄化将是一个全球性问题，要求全社会关注老年人的发展问题和人道主义问题。1991年，《联合国老年人纲领》提出老龄化社会五大原则——独立、照顾、参与、自我充实与尊严。2002年，世界卫生组织提出积极老龄化的政策框架，即健康、参与和保障三大政策支柱。《积极老龄化——政策框架》指出：“积极老龄化是人到老年时，为了提高生活质量，使健康、参与和保障的机会尽可能发挥最大效益的过程。‘积极’强调的是继续参与社会、经济、文化、精神和公益事务，而不仅仅是体力活动的能力或参加劳动队伍。”[1]积极老龄化容许和鼓励老年人在晚年能够发挥自己物质的、社会的和精神方面的潜力，按照自己的需要、愿望和能力参与社会，在需要帮助时获得充分的保

[1] 邬沧萍：《全面建成小康社会积极应对人口老龄化》，北京：中国人口出版社，2016 年版，第 108–133 页。

护、安全和照料。我国相应地也经历了“消极老龄化”“健康老龄化”和“积极老龄化”三个阶段养老理念的变革，现如今已把“老有所养”“老有所医”“老有所学”“老有所教”“老有所爱”“老有所乐”“老有所长”“老有所为”等目标纳入积极老龄化社会建设之中。

活到老、学到老、做到老，是中国老年发展的基本内涵，积极老龄化“尊重老年发展权、推进成功老龄化”的战略取向符合我国以人为本构建健康可持续发展的内在要求。高知老人是老年群体中重要而特殊的群体，他们相对其他老人群体而言，受教育程度较高，养老有较充分保障，往往退休前事业有成，注重对子女的培养教育，但客观上也造成多数子女不能在身边养老的事实，很多属于“空巢”老人或选择独立养老。他们身上一定程度上展示出未来中国养老的发展趋势。西安市教育资源丰富，高知老人群体集中。因而，本书选择以西安市高知群体为例，通过深度访谈和“原汁原味”的对话来客观展示这一群体的多维面相，生动刻画了高知老人晚年生活的喜怒哀乐与所思所想，为新时代积极老龄化社会的建设提供了鲜活的“一手资料”。本书从四个维度来分析高知老年群体的晚年生活，即以“老有所养、老有所医”角度来探讨高知老人颐养天年情况、以“老有所学、老有所教”角度来探讨高知老人晚年学习与终身学习型社会的践行情况、以“老有所爱、老有所乐”角度来探讨高知老人乐享退休生活的情况、以“老有所长、老有所为”角度来探讨高知老人社会参与和晚年自我成就实现的情况。从四十位受访老人身上，我们看到中国特色养老事业的发展现状与美好前景，也看到世界卫生组织提出的“健康、参与和保障”积极老龄化政策三大支柱在这一群体中已得到较好实施，并展现出乐观图景。

当然，这本书只是对高知老年群体和老龄化社会的浅层次分析与呈现。我们希望通过本书的问世能够促进这方面研究的深入发展，为推动中国老龄事业的成功发展贡献智慧和力量。

王宏波
西安交通大学二级教授、博士生导师
陕西省哲学学会名誉会长
2020年 12月 25日

目 录

第一章　中国老年社会大数据扫描

进入新时代，我国人口发展的主要矛盾已经从人口数量增长过快转化为人口结构挑战。人口老龄化是人口结构挑战的主要方面，成为21 世纪我国的重要国情。习近平总书记指出，“自古以来，中国人就提倡孝老爱亲，倡导老吾老以及人之老、幼吾幼以及人之幼。我国已经进入老龄化社会。让老年人老有所养、老有所依、老有所乐、老有所安，关系社会和谐稳定。我们要在全社会大力提倡尊敬老人、关爱老人、赡养老人，大力发展老龄事业，让所有老年人都能有一个幸福美满的晚年。”[1]党的十九大报告强调，要加强人口发展战略研究，积极应对人口老龄化，并作出相应的战略安排。在全面建设社会主义现代化国家的道路上，我们将面临严峻的人口老龄化形势，积极应对人口老龄化成为我国实现可持续发展的重要战略选择。

一、全球正在快速步入老龄化社会

19 世纪初，学者们开始关注世界人口问题，并对人类社会的年龄阶段进行了细化。如亚当·斯密（Adam Smith，1876）曾指出，“一国繁荣最明确的标识，就是居民人数的增加”。希克斯（Hicks，1939）也认为“过去 200 年工业革命的全部成果不外乎是巨大而长期的繁荣，这主要是由前所未有的人口增长而引起的”。[2]人口学家也开始了对如何科学界定老龄社会的探索。如 19 世纪初，法国学者弗路朗斯认为 70 ~ 84 岁为人生的老年初期; 20 世纪初，德国学者马克斯·鲁涅尔认为人到 50 岁就已步入老年阶段；同一时代的德国学者阿绍夫

[1] 《中共中央国务院举行春节团拜会 习近平发表讲话》，《人民日报》，2019 年 2 月 4 日，第 1 版。

[2] 刘文、焦佩:《国际视野中的积极老龄化研究》,《中山大学学报(社会科学版)》, 2015 年第 1 期。

则认为个体步入老年期的门槛应该在 45 ~ 65 岁。英国人口学家拉斯勒（Laslett，1989）在其著作《生命的新地图：第三年龄的出现》中，将人生分为四个年龄段：第一阶段具有依赖、社会化、不成熟、受教育等特征；第二阶段具有独立、成熟、责任、收入、储蓄等特征；第三阶段具有个人价值实现或成功的特征；第四阶段具有依赖、衰老、死亡等特征。并以第三年龄阶段的概念为基础对老年生活进行讨论，认为仅关注老年人的衰老和依赖会扼杀人类潜能。学者们对老年化社会的界定标准也有所不同。瑞典人口学家桑巴特将 50 岁及以上人口比例超过 30% 作为进入老龄化社会的标准。波兰人口学家爱德华·罗赛特提出的标准则是 60 岁及以上人口占比超过 12%。1956 年，联合国发表《人口老龄化及其社会经济后果》一文专门提出判断老龄化社会的标准，1982 年维也纳老龄问题世界大会也就此问题展开专门讨论。至此，联合国及学术界都把 65 岁及以上人口占比超过 7% 或者 60 岁以上人口占比超过 10% 作为标准来划分老龄化社会，当达到这一标准时称为老龄化社会（Ageing Society），当超过 14% 时称为老龄社会（Aged Society），当超过 20% 时称为超老龄社会（Hyper-aged Society）。[1]

从人类社会发展历程来看，在相当长的历史时期内，人类人口增长缓慢并且年轻人占据着社会的主体地位。公元元年，世界人口约 2.5 亿，年增长率不足 0.04%。[2]1700 年，世界人口总量也才达 6.8 亿，15 岁以下人口占总人口比重达 36%，65 岁以上人口占比 4%。人口增长的转折点出现在 18 世纪，随着西方工业革命的兴起，社会生产力快速发展，人们的居住条件与物质生活水平得到不断提高，伴随而来，世界人口进入快速增长时期。1830 年世界总人口突破 10 亿人，1930 年突破 20 亿人，到 1950 年，世界人口已增至 25.2 亿。这一时期，年轻人依然是社会的主体，15 岁以下的群体仍占全球人口的 34%，65 岁以上的老年人口则长期维持在 5% 左右。[3]

从全球视角看，进入 20 世纪中叶以来，一方面是人类寿命的大

[1] 杨昕：《健康老龄化进程中的综合社会政策响应》，《中国社会科学报》，2019 年 8 月 9 日，第 4 版。

[2] 马西姆·利维巴茨：《繁衍：世界人口简史（第三版）》，郭峰等译，北京：北京大学出版社，2005 年，第 44-45 页。

[3] 彭希哲、胡湛：《公共政策视角下的中国人口老龄化》，《中国社会科学》，2011 年第 3 期。

幅增加，全球人口平均预期寿命从 1950 年的 46.9 岁提高到 2010 年的 70.0 岁，提高了 23.1 岁；另一方面是世界生育意愿与生育水平的显著下降，全球总生育率从 1950 年的 5 下降到 2010 年的 2.5，两者叠加的结果是整个世界加速步入老龄化社会。1950 年 65 岁以上人口占世界总人口比重为 5%，2000 年达 7%，2010 年增至 8%（具体数据和图表见表 1–1、图 1–1 和图 1–2）。因而，在一定程度上可以说，老龄化是人类再生产模式转型和社会经济发展的必然结果，也是一种全球性不可逆转的社会现象。[1] 全球人口老龄化清晰地预示着世界社会群体和结构将出现重大改变，经济结构和运行方式也将面临巨大冲击。

表 1–1 全球人口发展趋势的估计和预测（1700—2100 年）[2]

年份	预期寿命			总生育率	总人口（10 亿）	人口年增长率（%）	15 岁以下人口占比（%）	65 岁以上人口占比（%）
	男性	女性	总体					
1700	—	—	27	6	0.68	0.5	36	4
1800	—	—	27	6	0.98	0.51	36	4
1900	—	—	30	5.2	1.65	0.56	35	4
1950	45.9	47.9	46.9	5	2.52	1.8	34	5
2000	64.9	69.3	67.1	2.7	6.13	1.22	30	7
2010	67.8	72.3	70	2.5	6.92	1.2	27	8
2020	68.8	73.3	71	2.4	7.72	1.04	25	9
2030	70.6	75.1	72.8	2.3	8.42	0.83	23	12
2040	72.2	76.7	74.4	2.2	9.04	0.66	22	14
2050	73.7	78.2	75.9	2.2	9.55	0.51	22	16
2100	79.9	83.7	81.8	1.99	10.55	0.11	18	22

注："—"表示缺乏该年数据；表中数据根据中位预测数据整理。

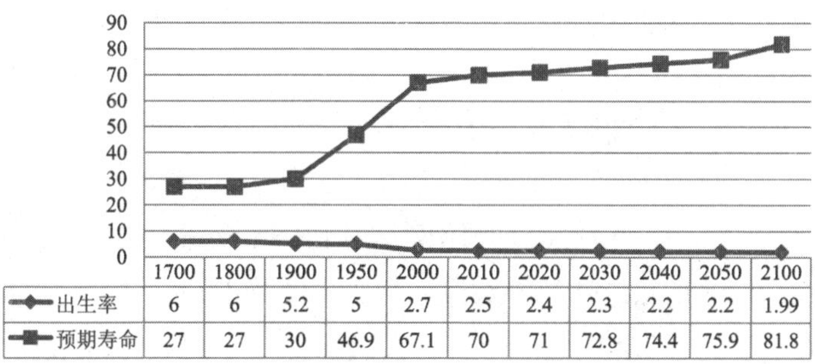

图 1–1 1700—2100 年世界人口出生率与预期寿命趋势图

[1] 胡湛、彭希哲：《对人口老龄化的再认识及政策思考》，《中国特色社会主义研究》，2019 年第 5 期。

[2] 刘文、焦佩：《国际视野中的积极老龄化研究》，《中山大学学报（社会科学版）》，2015 年第 1 期。

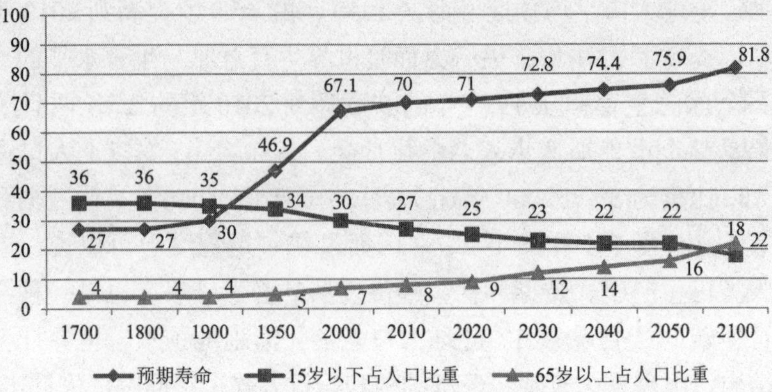

图 1-2 1700—2100 年世界人口年龄比重趋势图

当前，新技术革命兴起、劳动生产率提高以及信息化时代的到来，使得人口老龄化对经济社会发展产生的影响成为人类最关注的问题。从人类社会发展来看，新能源技术的突飞猛进让能源使用成本大幅度下降，能源供给不再是问题；基因技术、农业育种等技术应用以及粮食国际贸易的便利化，使得粮食生产不再是危机；信息化改变了时间和空间的距离，使人们的价值取向日趋多元化，结婚生子不再是生活的必然选项。与此同时，人口逐渐老龄化所带来的劳动力短缺和对养老保障资金、健康照护服务的需求则日益凸显。[1]因而，如何有效应对老龄化，是全世界共同关注的热点问题与难点问题。是消极应对还是积极应对？是把老龄化看作是一种国家发展的负担还是在承认老龄化社会到来的事实基础上努力让老年人过上幸福生活，在乐享晚年的同时推动整个时代人类文明的进步？这些问题是这个时代带给我们的新命题，也是我们在全球发展中亟须回答的治理难题。

世界卫生组织的统计数据也说明了这一点，1990—2015 年，全世界 60 岁及以上人口占总人口的比例从 9.1% 增长到 12.3%。[2] 2017 年，全球 60 岁及以上人口达到 9.62 亿，占世界总人口的 13%，早已进入老龄化社会，即将迈入老龄社。按区域来划分，欧洲是老龄化最严重

[1] 陈红梅、黄石松：《全球性人口老龄化的挑战与中国应对》，《中国国情国力》，2019 年第 9 期。

[2] 杜鹏、董亭月：《促进健康老龄化：理念变革与政策创新——对世界卫生组织〈关于老龄化与健康的全球报告〉的解读》，《老龄科学研究》，2015 年第 12 期。

的区域，比例高达25%；其次是北美洲，达22%；最后位是大洋洲，达17%；亚洲、拉丁美洲的比例为12%；非洲的比例最低，为5%，可以说全球老龄化的步伐正在加速。按国家来说，2017年，日本60岁及以上人口已占其总人口的33%，意大利占到29%，葡萄牙、保加利亚和芬兰均占到28%，这些国家是世界上人口老龄化问题最严重的国家。A 预计到2050年，全球60岁及以上人口的数量将达到21亿人，老年人口的比例达16%，到22世纪的2100年，全世界人口将超过100亿，老年人口比例上升至22%；15岁以下人口所占比例在2050年为22%，到2100年则下降至18%。B 这也与世界著名的人口学家派弗（Alan Pifer）的结论相一致，“人口老龄化继续发展下去所产生的冲击将不亚于全球化、城市化、工业化等人类历史上任何一次伟大的经济与社会革命”。C

二、老龄化在欧洲的快速扩散

欧洲是世界上最早进入老龄化社会的地区，也是当前全球老龄化程度最高的一个地区。欧洲部分国家老龄化情况具体如表1-2[4]所示。1865年，法国成为世界历史上首个步入老龄化社会的国家，2018年老龄化水平为19.65%，近10年来老龄化平均增速达1.84%，老年人口进入快速增加时期。1890年，瑞典65岁及以上老年人口所占比重达到7.7%；1891年，挪威65岁及以上老年人口所占比重达到7.6%，这些国家也相继进入老龄化社会。20世纪20年代以后，德国和意大利也成为老年型国家。德国于1922年进入老龄化社会，也是世界上最早出现人口负增长的国家，1975年首次出现人口负增长，2018年，德国总人口约为8315万人，老龄化水平为21.65%，

❶ 刘文、焦佩：《国际视野中的积极老龄化研究》，《中山大学学报（社会科学版）》，2015年第1期。

❷ 陶涛、王楠麟、张会平：《多国人口老龄化路径同原点比较及其经济社会影响》，《人口研究》，2019年第5期。

❸ Alan Pifer and Lydia Bronte, “Introduction: Squaring the Pyramid,” in Our Aging Society: Paradox and Promise, Alan Piferand Lydia Bronte, eds., New York: W. W. Norton, 1986, p.3.

❹ 陶涛、王楠麟、张会平：《多国人口老龄化路径同原点比较及其经济社会影响》，《人口研究》，2019年第5期。

德国人口呈现出不断萎缩的态势。意大利于1926年进入老龄化社会，也是世界上最早出现超低生育率的国家之一，2018年意大利总人口为5950万人，老龄化水平为22.56%，也就意味着在意大利每5人中就有1人的年龄达到65岁以上，老龄化程度十分严重。英国是1930年进入老龄化社会，2018年老龄化率为18.15%，近10年来老龄化平均增速达1.44%，老年人口也进入快速增加时期。[1]1940年左右，爱尔兰、瑞士、荷兰、奥地利、比利时、丹麦等相继进入了老龄化社会。

表1-2　2018年世界及部分欧洲国家老龄化状况一览表

国家	老龄化社会初始年份	老龄化社会持续时间	2018年老龄化水平	老龄化最近10年平均增速
法国	1850年	168年	19.65%	1.84%
德国	1922年	96年	21.65%	0.42%
意大利	1926年	92年	22.56%	1.18%
英国	1930年	88年	18.15%	1.44%
世界	2002年	16年	8.70%	1.66%

从全球老龄化的进程来看，欧洲的老龄化速度最快。1950年，世界上有9个国家65岁以上老龄人口比重超过10%，这9个国家均在欧洲，其中比例最高的是法国，为11%；1975年，世界上又有26个国家65岁以上老龄人口比重超过10%，前20位除美国外都是欧洲国家，其中最高的是瑞典，为15.1%；2000年，世界上有41个国家65岁以上老龄人口比重超过10%，除欧洲国家外，美国和日本也居于前20位，其中最高的是意大利，攀升至18.1%。[2]世界卫生组织预测，到2050年，全球将有105个国家的老龄人口比超过10%，其中列于首位的是西班牙，比例高达38%。

人口老龄化使欧洲国家养老、医疗等社会保障压力持续增大。在人口老龄化的进程中，往往会带来退休人员的快速增加，更何况欧洲老年人的退休金极为优厚，使政府和社会承受极大负担。另外，老龄化社会也增加了老年人对医疗的需求，进一步增加了政府和社会的财

---

[1] 陶涛、王楠麟、张会平：《多国人口老龄化路径同原点比较及其经济社会影响》，《人口研究》，2019年第5期。

[2] 刘文、焦佩：《国际视野中的积极老龄化研究》，《中山大学学报(社会科学版)》，2015年第1期。

政压力。据统计，早在2000年，意、法、德三国在养老和医疗方面的支出占GDP的比重已高达12%～14%。政府和社会支出增大的同时，交纳社会养老保险金的人越来越少。1990年欧盟12国在职职工人数与养老金领取者之比大约是1.5∶1，2040年将演变为1∶1.5。[1]可见，人口老龄化对欧洲社会保障体系产生了巨大冲击。人口老龄化还将带来欧洲劳动力供给的减少。欧洲国家在人口老龄化的过程中已经明显出现了劳动力人口比重下降的趋势，尤其在一些高度老龄化国家，已经出现明显的劳动力短缺现象，成为制约欧洲经济发展的一个重要因素。根据欧盟统计局2008年的保守估计，欧盟在2010年至2025年间的劳动人口将减少约1800万人，其中意大利将减少7.5%，西班牙将减少6.6%，德国将减少5.9%。巨大的劳动力缺口，将造成劳动力价格上涨，削弱企业的竞争力，从而影响整个欧洲经济的发展。[2]

早在20世纪90年代初期，当时担任法国总理的希拉克就感叹，“从人口学角度说，欧洲正在消失”。欧洲委员会2007年又做出预测，老龄化可能导致欧洲的经济增长由当时的2%～2.7%下降到2040年的1.25%。[3]2019年6月，卡内基欧洲部主任托马斯·维拉瑟克(Tomá Valáek)发表题为《如果不是英国脱欧、移民问题或民粹主义，那么欧洲的三大挑战是什么？》的文章，指出“气候变化、人口老龄化和数字革命”是欧洲面临的三大挑战，并将颠覆人们的工作模式和生活方式，甚至会彻底改变国家与个人之间的关系。[4]当前老龄化问题使得欧洲劳动力严重短缺与社会福利不堪重负，并诱发了欧洲持续性的国家债务危机。2008年冰岛成为世界上首个宣布破产的国家，2015年希腊政府也宣布破产。因而，如何有效应对老龄化，是欧洲能否保持可持续发展的关键性因素，也是影响“幸福欧洲”的重要因素。

---

1. 张善余、彭际作、俞路：《总量开始减少的欧洲人口形势分析》，《欧洲研究》，2005年第2期。
2. 刘娜、马永红、郭向荣：《欧洲应对老龄化困境的政策实践与启示》，《西北人口》，2011年第1期。
3. 杨伟国：《人口老龄化挑战欧洲就业》，《求是杂志》，2005年第13期。
4. 马毓鸿：《欧洲面临气候变化、老龄化和数字革命严峻挑战》，《中国社会科学报》，2019年6月13日，第5版。

三、老龄化在亚洲的迅速增长

进入 21 世纪以来，亚洲老龄化问题日趋严重，并呈现出显著的"少子老龄化"特点。从人口增长趋势来看，亚洲国家 0 ~ 19 岁的青年人口从 20 世纪 50 年代到 2050 年，呈现出明显的快速下降趋势，1950 年亚洲青年群体整体上能占总人口的 45% 左右，这也是"二战"后亚洲形成的"战后婴儿潮"，到 2000 年，这一群体的比重就下降到 35% 左右，预计 2025 年会下降到 30% 左右，2050 年则会减至 25%，亚洲的"人口红利"将消失殆尽，具体见图 1–3[1]。与此相伴的是亚洲快速的老龄化，2000 年 65 岁以上人口的比例在 5% ~ 10%，2025 年上升至 15% ~ 20%，2050 年则整体步入老龄化社会，具体见图 1–4[2]。与西方发达国家不同的是，亚洲地区人口老龄化是加速发展趋势。65 岁老年人口所占比重从 7% 增长到 14%，法国用了 130 年，美国用了 70 年，英国用了 45 年，而亚洲时间却要短得多，像新加坡完成这个转变仅用了 16 年，韩国用了 19 年，人口庞大的中国也只是用了 18 年时间。整体来看，亚洲是以"跑步前进"的速度步入老龄社会的。[3]

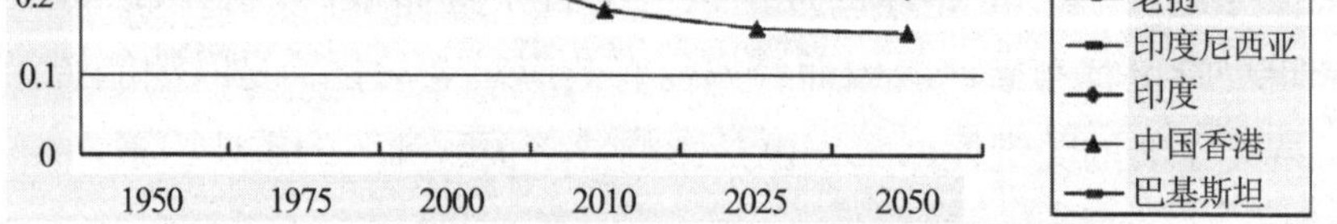

图 1–3　亚洲国家（地区）0 ~ 19 岁人口所占比例

[1] 范硕、李俊江：《亚洲人口老龄化的发展、挑战以及应对策略》，《人口学刊》，2013 年第 4 期。

[2]、[3] 同上。

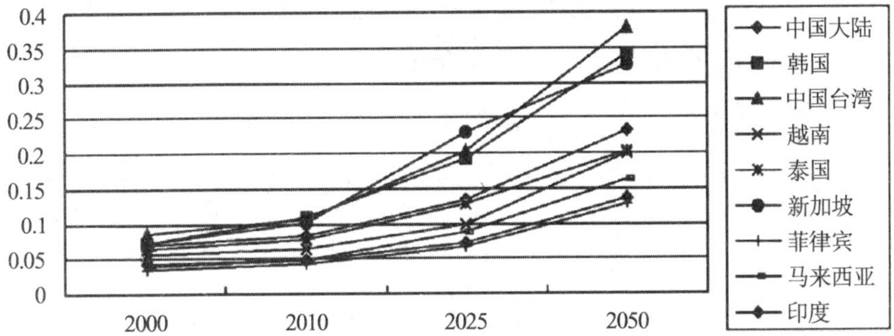

图 1-4　亚洲国家（地区）65 岁及以上人口所占比例

亚洲出现这一加速老龄化趋势的根本原因在于亚洲人口平均寿命的快速增长与生育意愿的迅速下降。自 1950 年开始，亚洲人均寿命就在不断增加，并且随着经济的增长、医疗卫生条件的改善，亚洲人均寿命在 1970 年至 2008 年间增长了 14 岁，达到 71.6 岁，并且还在持续增长中。[1] 中国自 2000 年进入老龄化社会开始，这一比重在 10 多年间也持续上升，到 2018 年增至 11.94%，韩国 2018 年老龄化水平达 14.76%，日本 2018 年达 28.14%。具体见表 1-3。[2] 据有关专家推算，到 2025 年东亚将会成为像欧洲一样老龄化严重的地区。2025 年，日本也将成为亚洲老龄人口比重最高的国家，老龄化比重高达 28.9%。[3]

表 1-3　世界及部分亚洲国家 2018 年老龄化状况一览表

国家	老龄化社会初始年份	老龄化社会持续时间	2018 年老龄化水平	老龄化最近 10 年平均增速
世界	2002 年	16 年	8.70%	1.66%
日本	1970 年	48 年	28.14%	2.66%
韩国	1999 年	19 年	14.76%	3.63%
中国	2000 年	18 年	11.94%	3.88%

在亚洲，生育意愿的下降是导致老年人口比重增加更加重要的因素，低生育率甚至是导致亚洲迅速老龄化的决定性因素。这其中，东

[1] 范硕、李俊江：《亚洲人口老龄化的发展、挑战以及应对策略》，《人口学刊》，2013 年第 4 期。

[2] 陶涛、王楠麟、张会平：《多国人口老龄化路径同原点比较及其经济社会影响》，《人口研究》，2019 年第 5 期。

[3] 刘文、焦佩：《国际视野中的积极老龄化研究》，《中山大学学报（社会科学版）》，2015 年第 1 期。

亚情况更为严重，2000年时东亚地区总和出生率已下降至人口更替水平以下，而到2025年，亚洲整体总和生育率将会降低到人口更替水平以下。如亚洲三个人口大国——中国、印度和印度尼西亚。在20世纪50年代，这三个国家的平均出生率大约是每个妇女生育6个孩子，当前三国生育率急转直下，生育更替水平仅为1.9。[1]

除了老龄化速度快的特点外，亚洲老龄社会还存在城乡差异化与性别比例失衡、少子化等问题。西方国家人口老龄化过程中，城市人口老龄化水平一般高于农村。然而，亚洲的情况却相反，亚洲农村人口老龄化的时间要早于城市，而且老龄化程度也是农村高于城市。我们以日本为例，在1960—1985年，日本老年人占总人口的比重从5.7%增加到10.2%，与此同时，日本农村人口中老年人比例却由8.2%提高到17.3%，超出同期城市9.1个百分点，日本农村人口老龄化的进程比城市人口老龄化提前了20年。[2]中国目前农村老龄人口比重也要超过城市2.14%，并且还有进一步扩大的趋势，除此之外，印度、越南等国也是农村老龄化高于城市。[3]

亚洲人口老化的另一个重要特征是性别比例失衡，老龄化女性比例明显高于男性。老龄人群中女性比例现已超过男性比例，特别是高龄人口中更是出现了女性化趋势（见表1–4[4]）。1975年，80岁以上的女性占人口比例在东亚比重最高，为58.9%，最低的为南亚，为52.2%；2000年，东亚女性人口已高达63.9%，东南亚也高达59.4%；2025年，东南亚高龄女性的比例将超过东亚，达到62.9%，南亚也将达到56.5%；2050年，连最低的南亚地区高龄女性也将超过58%，整个亚洲地区女性高龄化问题突出。然而，在亚洲，由于高龄女性普遍经济社会地位较低，健康状况也不是很好。因而，这些高龄女性如何安享、乐享晚年，也面临着更多的挑战。

---

[1] 詹姆士·史密斯、永年：《困局：亚洲养老仍停留在家庭范畴内 老龄化亚洲的现实和展望》，《博鳌观察》，2013年第3期。

[2] 张宝珍：《日本人口老龄化与社会经济的发展》，《世界经济》，1990年第5期。

[3] 范硕、李俊江：《亚洲人口老龄化的发展、挑战以及应对策略》，《人口学刊》，2013年第4期。

[4] 同上。

表 1-4　亚洲高龄人群（80 岁以上）中女性比例

区域	1975 年	2000 年	2025 年	2050 年
东亚	58.9%	63.9%	60.5%	60.4%
东南亚	58.7%	59.4%	62.9%	63.8%
南亚	52.2%	51.9%	56.5%	58.0%

此外，亚洲老龄化伴随少子化的问题比较突出。如亚洲地区新兴工业化经济群体（NIES）中，韩国总和生育率为 1.23（2005 年达到最低，为 1.08）、新加坡为 1.26、中国香港为 0.94，甚至低于日本的 1.34。[1]这种低生育率必然带来亚洲少子化问题。以日本为例，2017 年 12 月，日本厚生劳动省公布的人口统计数据显示，2017 年日本新出生人口数仅为 94.1 万人，创下 1899 年以来的最低值。同时，2017 年新婚夫妇数为 60.7 万对，也创战后新低。[2]韩国也是如此，2018 年，韩国总生育率降至 0.98，也成为全球唯一一个生育率跌破 1 的国家。韩国 2018 年新生人口数仅为 32.69 万人，是 1970 年起有统计记录以来的最低值。这种低生育率直接结果就是劳动人口的锐减，据韩国统计局数据显示，2018 年 15～64 岁的劳动年龄人口仅为 3620 万人，占人口总数的 72.5%，与上一年出现明显减少。[3]亚洲的少子化问题具有一定的共性，不仅日本、韩国存在，新加坡、中国等国家也有，这也给亚洲老龄化社会带来劳动力严重不足、社会保障费用增加、经济活力减退等严重挑战，使亚洲社会一定程度上陷入“被养者余、养之者缺”的养老困局。

四、中国老龄化社会加速到来

从 20 世纪 80 年代至今，我国正在加入进入老龄化社会。人口抚养比是指 0~14 岁少儿人口、65 岁及以上老年人口与 15~64 岁人口之间的数量比，它度量了 15～64 岁人口人均负担的赡养人口数量。少儿人口与 15～64 岁人口数量之比，称为少儿抚养比；老年人口与 15～64 岁人口数量之比，称为老年抚养比；少儿人口与老年人口之和与 15～64 岁人口数量之比，称为总抚养比。表 1–5 中，1982 年，我

[1] 梁颖：《日本的少子化原因分析及其对策的衍变》，《人口学刊》，2014 年第 2 期。
[2] 曾婧：《日本少子老龄化对策探微》，《河北大学学报（哲学社会科学版）》，2018 年第 5 期。
[3] 超越日本，韩国创造一项世界纪录，但这是个大危机！每日经济新闻网，[DB/OL]，http://www.nbd.com.cn/rss/zaker/articles/1367833.html.

国总人口为10.1亿，其中65岁及以上人口比重为4.9%，老年抚养比为8%，人均寿命是66.77岁，我国属于世界上年轻型人口国家之列。进入20世纪90年代，我国一方面呈现出明显的人口自然增长率与0~14岁人口比重同时显著下降的趋势，另一方面，老年人口进入迅速增长时期。1996年，我国总人口为12.2亿，其中65岁及以上人口比重为6.4%，老年抚养比为9.5%，人均寿命增至70.88岁。进入21世纪，上述趋势更加明显，2000年末，我国65岁及以上人口的比重超过7%，正式步入老龄化社会，这一年，中国人均寿命增长至71.4岁。老龄化成为21世纪中国社会发展中出现的一个重大难题。到2007年，我国65岁及以上人口比重已突破8%的关卡，老年抚养比也达到11.1%。进入21世纪第二个十年以来，中国老龄化问题愈发突出，65岁及以上人口比重持续增加，由2010年的8.9%增长至2017年的11.4%，老年抚养比也由11.9%增至15.9%，人均寿命也在增长，2015年，人均寿命达到76.34岁。可以说，当前，中国既是世界上人口最多的国家，同样也是老龄人口最多的国家。据国家统计局预计，到2030年，我国60岁及以上老年人口总量将达到3.58亿人，占全国人口的比重达25.1%；到2050年，我国60岁及以上老年人口将达到4.87亿人，占比达35.1%。届时，全球60岁以上老人将达到20.2亿人，我国老龄人口将占世界的四分之一强。[1]（见表1-5）因而，作为世界上老年人口数量最多的国家，我国如果能够走出一条成功应对人口老龄化之路，如果能让老年人过上幸福的晚年生活，这将是中国对人类社会的重大贡献。

表1-5　1982—2017年中国老龄人口增长趋势表

年份	总人口（万人）	人口自然增率（%）	0～14岁人口比重（%）	65岁及以上人口比重（%）	少儿抚养比（%）	老年抚养比（%）	平均预期寿命
1982	101 654	15.68	33.6	4.9	54.6	8.0	66.77
1987	109 300	16.61	28.7	5.4	43.5	8.3	—
1990	114 333	14.39	27.7	5.6	41.5	8.3	68.55
1991	115 823	12.98	27.7	6.0	41.8	9.0	—
1992	117 171	11.60	27.6	6.2	41.7	9.3	—

[1] 陈红梅、黄石松：《全球性人口老龄化的挑战与中国应对》，《中国国情国力》，2019年第9期。

续表

年份	总人口（万人）	人口自然增率（%）	0～14岁人口比重（%）	65岁及以上人口比重（%）	少儿抚养比（%）	老年抚养比（%）	平均预期寿命
1993	118 517	11.45	27.2	6.2	40.7	9.2	—
1994	119 850	11.21	27.0	6.4	40.5	9.5	—
1995	121 121	10.55	26.6	6.2	39.6	9.2	—
1996	122 389	10.42	26.4	6.4	39.3	9.5	70.88
1997	123 626	10.06	26.0	6.5	38.5	9.7	—
1998	124 761	9.14	25.7	6.7	38.0	9.9	—
1999	125 786	8.18	25.4	6.9	37.5	10.2	—
2000	126 743	7.58	22.9	7.0	32.6	9.9	71.40
2001	127 627	6.95	22.5	7.1	32.0	10.1	—
2002	128 453	6.45	22.4	7.3	31.9	10.4	—
2003	129 227	6.01	22.1	7.5	31.4	10.7	—
2004	129 988	5.87	21.5	7.6	30.3	10.7	—
2005	130 756	5.89	20.3	7.7	28.1	10.7	72.95
2006	131 448	5.28	19.8	7.9	27.3	11.0	—
2007	132 129	5.17	19.4	8.1	26.8	11.1	—
2008	132 802	5.08	19.0	8.3	26.0	11.3	—
2009	133 450	4.87	18.5	8.5	25.3	11.6	—
2010	134 091	4.79	16.6	8.9	22.3	11.9	74.83
2011	134 735	4.79	16.5	9.1	22.1	12.3	—
2012	135 404	4.95	16.5	9.4	22.2	12.7	—
2013	136 072	4.92	16.4	9.7	22.2	13.1	—
2014	136 782	5.21	16.5	10.1	22.5	13.7	—
2015	137 462	4.96	16.5	10.5	22.6	14.3	76.34
2016	138 271	5.86	16.7	10.8	22.9	15.0	—
2017	139 008	5.32	16.8	11.4	23.4	15.9	—

资料来源：国家统计局网站

中国人民大学原新教授（2018年）在《积极应对人口老龄化是新时代的国家战略》一文中，对中国老龄化社会发展趋势做了一个精准的描述，他认为当前我国的老龄化社会呈现出如下四大特征[1]：

1. 超大规模老年人口

2017年，我国60岁及以上老年人口已达2.41亿，这个数字到本世纪中期会再扩大一倍以上，2053年达到峰值4.87亿，其中，80岁以上高龄老人将增加至1亿以上，老年人口和高龄人口规模一直位居世界首位。届时，世界上平均每4个老年人中就有1个生活在中国，中国老年人口比发达国家老年人口总和还多16%。

[1] 原新：《积极应对人口老龄化是新时代的国家战略》，《人口研究》，2018年第3期。

2. 超快速度老龄化进程

人口老龄化是一个动态过程。新中国成立以来，分别在1950—1958年、1962—1975年、1981—1994年经历了3次人口出生高峰，年均出生人口分别为2277万人、2583万人和2239万人，遵从人口发展的惯性规律，这3个出生队列步入老龄时，必然形成3次人口老龄化冲击波。目前，我国正处在人口老龄化第一冲击波周期内，老年人口规模从1.3亿增加至2.5亿，年均净增老年人口859万人，年均增长率为8.08%；第二冲击波将发生在2022—2035年，是老年人口数量增加最迅猛的时期，年均净增1152万人，年均增长率为3.41%，老年人口规模从2.7亿扩大到4.2亿；第三冲击波将出现在2041—2053年，老年人口规模继续扩大，从4.4亿增加到峰值4.9亿，年均增加357万人，年均增长率为0.77%。纵观2017—2053年，老年人口年均净增加683万人，年均增长率为1.95%，老年人口增长速度超过世界平均速度是世界上人口大国中进程最快的国家。

3. 超高水平老龄化程度

20世纪90年代初期，我国就进入了低生育率时代，预示了总人口的增长速度开始放缓。我国总人口将在2029年达到峰值14.5亿，然后开始缩减，21世纪中期为13.5亿左右。总人口增速与老年人口增速的反向变化，促使人口老龄化水平快速提升，从目前17.3%翻倍升至2053年35%左右，即从平均每6个人中有1个老人快速变为平均不足3个人中就有1个老人。届时，中国的老龄化水平比世界平均水平高11 ~ 12个百分点，比发达国家平均值高4 ~ 5个百分点，我国将跻身于世界高度老龄化国家的行列。

4. 超级稳定老龄化形态

当快速老龄化过程结束之后，21世纪下半叶我国将呈现超高水平、超级稳定的老龄社会形态，老年人口规模保持在3.8亿 ~ 4.8亿，老龄化水平徘徊在36% ~ 38%（联合国，2017年），位居全球老龄化水平最高国家之列。

人口是经济社会发展的基础性、战略性和长期性因素。21世纪的中国，快速老龄化是不可逆转的经济社会常态化现象，也是我国的基本国情。这既给中国带来社会治理的重大考验，也蕴含着潜在的巨大发展机遇。从当前来看，一方面，“银发经济学”在我国快速兴起，带来老年人养老、医疗、服务、旅游、餐饮等行业的快速发展。从发改委、民政部和商务部以及国家开发银行等部门的政策性直接引导投资和间接性投入来看，党十八大以来的老龄产业投资共达 3 000 亿元以上，再加上其他社会资本的直接和间接投入，其投资规模已经超出 1 万亿元。[1]中国老年学和老年医学学会发布的《新时代积极应对人口老龄化发展报告·2018》显示，2050 年，中国老年人消费市场预计将达到 60 万亿元的市场占有量，将成为国民经济发展的一个重要支柱产业。[2]很多老年人实现了“乐享晚年”“健康生活”的目标；另一方面，不容忽视的是，老龄化增长速度过快、“空巢老人”与“留守老人”老年人精神疾患、临终关怀等问题也非常突出，如何让老年人享受到幸福的晚年生活，还有一些难题需要破解。

五、陕西省老龄化进入快速增长时期

陕西省作为西部地区重要的经济大省，快速增长的老龄化问题对社会经济的发展带来不小的影响和挑战。积极应对人口老龄化问题，是新形势下陕西获得健康可持续发展的关键性因素。

根据陕西省历年统计年鉴显示（见表 1–6），1990 年陕西省 65 岁及以上老年人占人口比重为 5.15%，2000 年陕西省 65 岁及以上老年人为 216.45 万人，占全省人口总数的 5.94%，未超过 7% 的界限。2002 年，65 岁及以上老年人口占比增长至 8.01%，至此，陕西省进入老龄化社会。从 2002 年开始，陕西省老年人口规模持续增长、老龄化程度不断加深，到 2017 年 65 岁及以上老年人有 414.23 万人，较 2000 年增长近 200 万人，占全省总人口 10.80%。[3]从图 1–5 中可以看出，1990—2017 年，一方面，陕西省 0 ~ 14 岁人口出现不断减少的趋势，

[1] 党俊武：《新时代中国老龄产业发展的形势预判与走向前瞻（上）》，《老龄科学研究》，2018 年第 6 期。

[2] 穆光宗：《有品质的养老：新生代城市老人的新追求》，《人民论坛》，2019 年第 13 期。

[3] 董云花：《浅谈陕西省人口老龄化问题》，《智库时代》，2018 年第 38 期。

少儿抚养比明显下降，另一方面，陕西省 65 岁及以上人口出现快速增长势头，老年抚养比也逐年攀升。这不仅意味着陕西老龄人口规模的不断扩大，也预示着与此相伴的社会治理形态将发生重大变化，如何积极应对老龄人口给陕西经济社会发展带来的冲击，如何对老年社会进行有效治理实现“六老”目标，已成为新时期陕西经济社会发展中需要解决的重大战略问题。

表 1–6　1990—2017 年陕西省 60 岁以上老人比例

年份	总人口（万人）	人口自然增率（%）	0 ~ 14 岁人口比重（%）	65 岁及以上人口比重（%）	少儿抚养比（%）	老年抚养比（%）
1990	3316	16.96	28.88	5.15	43.77	7.80
1991	3363	13.31	30.21	5.72	47.15	8.93
1992	3405	12.28	30.15	5.66	46.96	8.82
1993	3443	11.08	29.30	5.61	45.02	8.62
1994	3481	10.99	28.31	5.26	42.62	7.91
1995	3513	9.36	28.88	5.72	44.16	8.74
1996	3543	8.48	28.90	6.00	44.38	9.21
1997	3570	7.62	27.63	5.85	41.54	8.79
1998	3596	7.13	27.15	6.79	41.04	10.12
1999	3618	6.13	26.28	7.14	39.48	10.73
2000	3644	—	25.02	5.94	36.24	8.60
2001	3653	4.16	24.49	6.73	35.61	9.78
2002	3662	4.12	22.35	8.01	32.09	11.51
2003	3672	4.29	20.90	7.75	29.29	10.86
2004	3681	4.26	19.81	7.65	27.31	10.55
2005	3690	4.01	19.76	8.58	27.57	11.97
2006	3699	4.04	18.70	8.60	25.72	11.83
2007	3708	4.05	18.13	8.96	24.87	12.29
2008	3718	4.08	17.75	8.97	24.22	12.24
2009	3727	4.00	17.05	9.11	23.09	12.34
2010	3735	3.72	14.71	8.53	19.16	11.11
2011	3743	3.69	14.55	8.71	18.96	11.35
2012	3753	3.88	14.42	8.97	18.82	11.71
2013	3764	3.86	14.30	9.43	18.75	12.36
2014	3775	3.87	14.10	9.97	18.57	13.13
2015	3793	3.82	14.11	10.11	18.62	13.34
2016	3813	4.41	14.13	10.36	18.71	13.72
2017	3853	4.87	14.34	10.80	19.16	14.43

资料来源：陕西省统计局网站

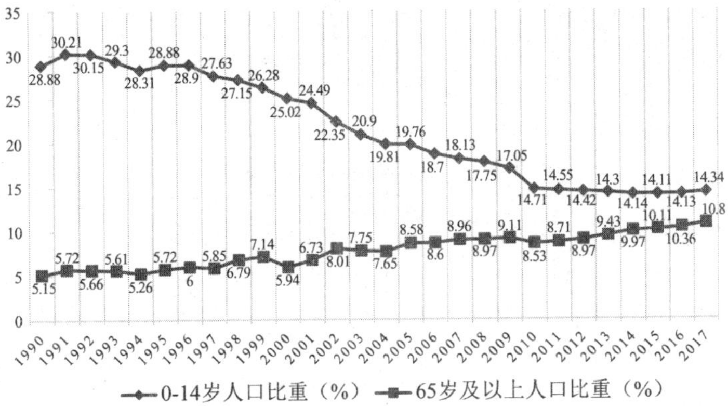

图 1-5 1990—2017 年陕西省人口增长趋势图

六、西安市老龄化趋势分析

西安作为西部大开发的重镇，一方面有着重要的经济战略地位，另一方面，教育资源丰富，有着特殊的人口年龄结构。据相关统计资料显示，2018 年，陕西省拥有各类科研机构 1340 家，高等学校 109 所，国家级重点学科 126 个，省级以上各类平台 605 家，国际创新合作平台 71 个，高校学科创新引智基地 43 家，拥有两院院士 67 人，各类科研人员 110 万人，在校大学生 146 万人。[1] 这些教育科技资源又都集中于西安市，使得西安市一方面人力资源丰富，学生群体较多，另一方面科技教育工作者也较为集中，形成规模化的高知老年群体。据陕西省统计局资料显示，2018 年，西安市 65 岁以上人口为 112.94 万人，占总人口比重达 11.29%，与 2010 年相比，65 岁以上人口增加 41.31 万人，比重提高 2.83 个百分点，年均增加 5.16 万人，年均增速为 5.9%。[2] 近年来，西安市人口老龄化程度持续加深，已进入老龄社会，并在快步迈向超老龄化社会。

（一）老龄化程度逐年提高，全面进入老年型社会

国际上通常根据一个国家或地区的少年儿童（0 ~ 14 岁）、老年

[1] 《主宾省陕西省即将亮相 2020 浦江创新论坛》，新华网，[DB/OL]，http://www.xinhuanet.com/tech/2020-10/14/c_1126610422.htm.

[2] 《西安市老龄化趋势及其影响分析》，陕西省统计局，[DB/OL]，http://tjj.shaanxi.gov.cn/site/1/html/126/131/139/20478.htm.

人（65 岁及以上）在总人口所占比重，人口老少比（以少儿为 100）和年龄中位数把人口年龄结构划分成年轻型、成年型和老年型（划分标准见表 1–7）。

表 1–7 人口年龄结构类型表

年龄结构类型		0 ~ 14 岁人口占总人口比重	65 岁及以上人口占总人口比重	老年与少儿人口比例	年龄中位数
国际标准	年轻型	40% 以上	4% 以下	15% 以下	20 岁以下
	成年型	30% ~ 40%	4% ~ 7%	15% ~ 30%	20 ~ 30 岁
	老年型	30% 以下	7% 以上	30% 以上	30 岁以上
西安	2010	12.89%	8.46%	65.64%	33.63 岁
	2018	13.75%	11.29%	82.11%	35.00 岁

资料来源：陕西省统计局网站

具体从西安市的老龄化进程来看，早在 2000 年，西安市的人口年龄结构就完成了由成年型向老年型的过渡。2010 年，西安市少儿人口和老年人口占总人口的比重分别为 12.89% 和 8.46%，老少比达到 65.64%，人口年龄中位数 33.63 岁，2018 年，少儿人口和老年人口占总人口比例分别增长至 13.75% 和 11.29%，老少比达 82.11%，年龄中位数则上升至 35 岁。从这些数据可以看出，西安市人口年龄结构已经达到典型的老年型结构，这也预示着近年来西安市人口老龄化速度在不断加速。

（二）老龄化地域差距明显，城三区程度最高

由于经济条件、生育水平等方面的差别，使西安不同城区人口老龄化程度也不等同。第六次人口普查资料显示，全市分区县人口老龄化程度差异较大。城三区（新城区、碑林区、莲湖区）的老龄化比重排在前三位，均超过 11%，这三个区中老社区较多，西安本地居民较多，科研院校也相对集中，老龄人口相对较多；雁塔区、未央区、长安区老龄化程度排在后三位，且均低于 7%，这与这三个地区高校较多，年轻人较多，在一定程度上拉低了老龄人口比重有关；四县的老龄化程度也不低，特别是蓝田，老龄化程度达到 9.52%，居第四位，可见全市农村老龄人口较多，值得关注。从 2010 年第六次人口普查和 2015 年 1% 人口抽样调查数据对比来看，全市除长安区外，其他各区县老龄化程度均有所提高，莲湖区老龄化提升幅度最大，提升了 5.84

个百分点，而未央区提升幅度最小，仅提高 0.06 个百分点，这与西安市行政中心北迁有关联，带动了年轻人工作居住重心向北迁移。长安区人口老龄化呈现负增长，主要是长安区高校学生因素影响，整体拉低长安区人口年龄结构（具体见表 1-8）。

表 1-8　西安市分县区老龄化程度表（65 岁及以上人口比重）　单位：%

地理范围	2010 年	2015 年	变化程度
西安市	8.46	9.44	0.98
新城区	11.99	14.16	2.17
碑林区	11.66	13.64	1.98
莲湖区	11.14	16.98	5.84
灞桥区	8.30	10.17	1.87
未央区	6.22	6.28	0.06
雁塔区	5.54	6.17	0.63
阎良区	9.20	9.40	0.2
临潼区	8.50	8.83	0.33
长安区	6.96	5.14	-1.82
蓝田县	9.52	12.58	3.06
周至县	8.87	9.7	0.83
户县	9.16	9.29	0.13
高陵县	7.40	10.79	3.39

资料来源：陕西省统计局网站

（三）中高龄老年人口快速增长，老年人口日趋高龄化

老龄化从各年龄段的比重来分析，国际上常用低龄 60 ~ 69 岁、中龄 70 ~ 79 岁、高龄 80 岁以上的老年人口比重等三个指标来反映老年人口的年龄结构状况。从 2010 年至 2018 年的三次人口调查数据来看，西安市高龄老年人口的年均增长率最高，低龄老年人口次之，中龄老年人口居最后，老年人口高龄化趋势明显。具体数据见表 1-9。

表 1-9　西安市 60 岁及以上人口结构变动表

人口年龄段	2010 年（万人）	2015 年（万人）	2018 年（万人）	年均增长率（%）
60 岁及以上人口	106.20	124.71	161.96	5.42
60 ~ 69 岁人口	60.02	72.60	99.96	6.58
70 ~ 79 岁人口	36.05	37.60	42.07	1.95
80 岁及以上人口	10.13	14.87	19.93	8.83

资料来源：陕西省统计局网站

(四)老年抚养比显著提升，社会抚养负担进一步加重

人口抚养比是指0～14岁少儿人口、65岁及以上老年人口与15～64岁人口数量之比，它度量了15～64岁人口人均负担的赡养人口数量。少儿人口与15～64岁人口数量之比，称为少儿抚养比；老年人口与15～64岁人口数量之比，称为老年抚养比；少儿人口与老年人口之和与15～64岁人口数量之比，称为总抚养比。

2010—2018年，西安市老年抚养比稳步提高（见表1-10）。具体来说，一方面，随着“二孩”政策的实施，西安市出生人口逐渐增加，少儿抚养比逐年升高，由2010年的16.39%增至2018年的18.34%；另一方面，老年人抚养比增长更加迅猛，由2010年的10.75%增至2018年的15.06%，上升了近5个百分点，两者相叠加，导致西安市总抚养比不断提升，由2010年的27.14%增至2018年的33.40%。这也意味着西安市整体社会抚养负担进一步加重，政府需要投入更多相关财政支持。

表1-10　2010—2018年西安市少儿、老年抚养比变化表　　单位：%

年份	少儿抚养比	老年抚养比	总抚养比
2010	16.39	10.75	27.14
2011	16.04	11.62	27.66
2012	16.07	12.10	28.17
2013	16.00	12.40	28.40
2014	16.16	12.94	29.10
2015	16.33	13.65	29.98
2016	16.71	14.26	30.97
2017	18.12	14.85	32.97
2018	18.34	15.06	33.40

资料来源：陕西省统计局网站

七、改革开放以来的中国老龄化社会治理历程

我国老龄化问题伴随着改革开放出现，并因国家综合国力和治国理政能力提升而不断得到改进。从治理历程来看，我国的老龄化社会治理成效显著，国家对老龄问题的高度重视和持续投入，不仅没有使人口老龄化给中国经济增长形成实际的负面影响，我国人均GDP自

1978年开始一直保持着6.1%～13.6%的高速增长态势，而且，老年人福祉得到了持续改善，如养老金实现“十五连涨”、城乡基本养老保险全覆盖等。四十多年的持续努力，使我国形成一整套以居家为基础、社区为依托、机构为支撑的社会养老服务体系，老年人及其子女的获得感、幸福感、安全感显著提高，为世界提供了老龄化事业的中国方案与中国智慧。2016年国际社会保障协会将“社会保障杰出成就奖”授予中国就是对我国老龄化问题社会治理成绩的充分肯定。[1]

（一）在治理理念上，实现了由关注养老问题到积极老龄化的转变

改革开放之初，我国政府和学界由关注计划生育政策实施转移到开始关注老龄化问题。1982年，中国派代表参加联合国第一届老龄问题世界大会，“老龄化”一词正式进入中国政府和学界视野。随着社会实践与理论研究的不断推进，政府和学界认识到人口老龄化是经济社会发展的一种新常态，需要统筹布局和积极应对，无须过分担忧。这种发展理念上的转变为老龄化问题的科学治理奠定了重要基础。改革开放初期，对于老龄化问题的简单理解就是要解决好老年人生活问题，比如关注孤寡老人的赡养问题、离退休干部及退伍军人的养老问题、老年人医疗保健问题等。随着治理理念转变，我国逐渐认识到应对人口老龄化不仅关乎老年人自身，更是一项复杂的社会系统工程，因此，1994年我国出台了首个老龄事业发展规划纲要，即《中国老龄工作七年发展纲要（1994—2000年）》，明确提出“把老龄事业纳入国民经济和社会发展总体规划”，这为2000年我国进入老龄化社会后的总体治理指明了方向。2002年，联合国第二届老龄问题世界大会倡导“建立不分年龄、人人共享的社会”，促使我国把老年人问题置于老龄化社会的大背景下进行统筹布局。2006年以来，我国开始关注于老龄化问题的可持续发展问题，聚焦于代际和谐、老龄事业与产业的融合发展等问题。党的十八大后，老龄化社会的治理理念又由可持

[1] 杜鹏、王永梅：《改革开放40年我国老龄化的社会治理——成就、问题与现代化路径》，《北京行政学院学报》，2018年第6期。

续转变为积极老龄化，并从健康老龄化的视角来思考全人口全生命周期下的老年人“乐养”问题。

（二）在治理方式上，实现了由传统管理向现代治理的转变

改革开放以来，随着现代化发展和家庭功能的嬗变，我国加大了养老问题的解决力度，养老由救济型转向福利型。1979 年，“全国城市救济福利工作会议”明确规定养老机构是社会福利性单位，政府成为承载老人养老的重要社会力量。1982 年，我国成立了第一个社会社团性老年人工作管理机构“中国老龄问题全国委员会”，在全国范围内开始开展并推进老龄工作。1989 年，我国召开了全国社会福利事业单位深化改革工作座谈会，鼓励国家和社会力量相结合来开办养老福利事业。1995 年，我国成立了由民政部代管的国务院副部级事业单位“中国老龄协会”，开始以政府为主导力量来推进养老福利事业的发展。1999 年，我国又成立了国务院主管的全国老龄工作议事协调机构“全国老龄工作委员会”，用以完成养老问题的部门间协调工作。2006 年，在《关于加强基层老龄工作的意见》指导下，我国开始在乡镇（街道）、村（居）委会等基层组织开展老龄化工作，老年群众自治组织初步建立起来。2018 年，全国老龄工作委员会日常工作转由新组建的国家卫生健康委员会承担，中国老龄协会亦由其代管。由此可见，在国家层面上，我国老龄化问题日益受到重视，主管工作部门规格不断提升，管理权限和机制也日趋完善。

（三）在治理制度上，实现了由单一制度向综合制度体系的转变

改革开放至今，据不完全统计，我国已出台涉老文件达 1000 余项，老龄化问题初步形成了一套规范化的制度体系。1996 年，我国首部《老年人权益保障法》出台，极大地推动了老龄化治理的制度化进程。1999 年，《关于加强老龄工作的决定》颁布实施，强调全社会都要高度重视老龄化问题。此后，2005 年《中共中央关于制定国民经济和社会发展的第十一个五年规划的建议》和 2010 年《社会养老服务体系建设规划（2010—2015）》相继出台。

党的十八大之后，我国的养老事业制度化进程大大提速。2012 年，我国对《老年人权益保障法》进行了重新修订；2013 年，国务院加快发展养老服务业意见出台；2017 年，国务院“十三五”国家老龄事业发展和养老体系建设规划颁布、13 个部委局联合发布《“十三五”健康老龄化规划》、国务院办公厅制定和实施老年人照顾服务项目的意见；2018 年，14 个部委局举办加强老龄国情教育（2018）。[1] 2018 年 12 月 29 日第十三届全国人大常委会第三次修正《中华人民共和国老年人权益保障法》，再次强调积极应对人口老龄化是国家的一项长期战略任务，要求各级政府部门认真贯彻实施。与此同时，各级地方政府和老龄部门相继出台了 300 余项配套落实政策措施。这些制度法规使得新形势下我国应对老龄社会、保障老年人权益和构建养老服务业更加有法可依、有章可循。

（四）在治理行为上，老龄化社会实现了由被动应付向积极应对的转变

改革开放至今，我国老龄化治理行动体系不断趋于成熟。改革开放初期，我国的养老主要依靠家庭力量完成，极少数农村的“五保户”和城市中的失独老人主要依靠政府的救济来进行帮扶。随着综合国力的提高和我国家庭结构的变迁，我国不断加大养老财政投入，养老已由救济型向福利型转变。1989 年，我国召开了全国社会福利事业单位深化改革工作座谈会，鼓励国家和社会力量相结合兴办养老福利事业，养老主体开始出现多元化趋势。随后，国家相继颁布 1996 年《老年人权益保障法》（1996 年）、《社会养老服务体系建设规划（2010—2015）》（2010 年）和《“十三五”国家老龄事业发展和养老体系建设规划》（2017 年）等文件，也可看到老龄化治理已经由单一主体向家庭、政府、社会、老人自身等多元主体转变。特别是 2018 年最新修订的《中华人民共和国老年人权益保障法》明确规定，我国要建立和完善以居家为基础、社区为依托、机构为支撑的社会养老服务体系。可以说，在四十多年的老龄化发展历程中，我国已经实现了由被动应

[1] 原新:《积极应对人口老龄化是新时代的国家战略》,《人口研究》, 2018 年第 42 期。

付向积极应对的转变，更加注重顶层设计和科学规划，也积极吸纳多元力量来共同推进养老事业的发展，跨部门协同治理不断得到加强，走出一条符合中国国情的社会主义新型养老化道路，并扎实向“老有所养、老有所医、老有所为、老有所学、老有所乐”目标迈进。

第二章　中国高知老年群体的画像勾勒

习近平总书记在党的十九大报告中指出："积极应对人口老龄化，构建养老、孝老、敬老政策体系和社会环境，推进医养结合，加快老龄事业和产业发展"[1]，这给中国老龄化事业指明了努力方向。"老吾老以及人之老"，中国传统文化历来强调尊老爱幼，敬老爱老是我们的优良传统。因而，新形势下，如何给老年人提供高质量的晚年生活，如何实现乐享晚年的养老目标和人文关怀，是我国老龄化事业的重要任务和挑战。

高知老年群体作为中国老龄化人口的重要组成部分，既有一般老年人的养老需求与特征，又由于其相对独特的人文素养和人生经历，对如何安享和乐享晚年又有着自身特殊的要求。高知老人，一方面事业有成、子女培养成功，另一方面，他们晚年生活高度独立自律，很多属于空巢老人。高知老年群体的晚年生活是什么图样？他们的精神世界如何？本章试图对他们进行群体画像勾勒，呈现出一幅高知老人宏观景象。

一、中国老年群体的整体性画像

人口老龄化是中国当下和未来不可逆转的常态现象和基本国情，这既是现代社会发展的自然过程，也是人口再生产模式从"传统型"向"现代型"转变的必然结果，是社会发展现代化的重要标志之一。[2]据国家统计局数据显示，2019年末中国60周岁及以上人口达2.49亿人，占总人口的17.9%，我国已步入老龄化社会并加速向超老龄社会迈进。

---

❶ 《十九大以来重要文献选编》（上），北京：中央文献出版社，2019年，第34页。

❷ 胡湛、彭希哲：《应对中国人口老龄化的治理选择》，《中国社会科学》，2018年第12期。

（一）老年群体人口学特征画像

1.老龄化规模大、速度快

进入 21 世纪以来，中国老龄化规模和速度都呈现出高速增长之势。从老龄化人口规模来看，目前，中国 60 岁及以上的老年人口规模已达 2.49 亿人，占世界老年人口总量的 24.3%，位居全球之首。从增长规模来看，中国老龄人口进入快速增长时期，到 2026 年时，我国老龄化人口将再增加 1 个亿，届时将占世界老年人口总量的 25.0%；再过 10 年，到 2036 年时，老年人口将再增加 1 个亿，占世界老年人口总量的 25.6%；到 2050 年时，中国老年人口规模将达到整个 21 世纪的峰值，达到 4.7 亿人，占世界老年人口总量的 26.0%，并长期保持世界第一。[1]从老龄化增长速度来看，中国亦呈现出高速增长之势。根据联合国《世界人口展望 2017》预测，我国 65 岁及以上老年人口比重从 2000 年的 7% 达到 2050 年的 26% 预计只需要 50 年时间，而这一历程在发达国家则长达一两百年时间，我国人口老龄化速度已远远超过发达国家。另外，从人口老龄化程度来看，在未来 30 年时间内，我国老龄化程度将远高于世界中、低收入国家的平均老龄化水平，并在 2050 年前后达到高收入国家水平，届时中国也将成为世界上老龄化人口规模最大、增长速度最快的国家。[2]

2.寿命延长快、高龄化显著

随着医疗卫生条件改善以及经济生活水平提高，我国平均预期寿命也不断提高。从 1982 年的 66.77 岁，增长到 1996 年的 70.88 岁，再到 21 世纪初的 71.40 岁，2018 年，我国的平均预期寿命已达到 77 岁（数据来源于表 1–5）。这样的平均预期寿命居于发展中国家的第一位，也接近世界发达国家水平。

我国医疗水平改善及平均预期寿命的提高，对人口结构也带来直接的影响，这主要表现为高龄老人的增多与高龄化的显著。根据人口

---

[1] 翟振武、陈佳鞠、李龙：《中国人口老龄化的大趋势、新特点及相应养老政策》，《山东大学学报（哲学社会科学版）》，2016 年第 3 期。

[2] 董克用、王振振、张栋：《中国人口老龄化与养老体系建设》，《经济社会体制比较》，2020 年第 1 期。

普查数据，2000 年，我国 80 岁及以上高龄老人仅 774.5 万人，占全体老年人总数的 11.18%；2010 年，80 岁及以上老年人达到 2099 万人，占全体老年人总数的 11.82%。❶ 据有关学者预测，中国老年人口高龄化程度（80 岁及以上老年人口在 60 岁及以上老年人口中所占比例）将快速加深，从 2015 年到 2050 年，全国 60 岁及以上老年人口中，60 ~ 79 岁的中、低龄老年人所占比重将从 88.5% 持续缩减至 76.8%，而 80 岁及以上高龄老年人所占比重则从 11.5% 持续扩大至 23.2%。❷ 预计到 2050 年，高龄老人将到达 1.09 亿人，相当于发达国家高龄老年人口的总和，也就是说，到 21 世纪中叶，大约每 4 个中国老年人中就有近 1 个人年龄高达 80 岁及以上。❸

3.家庭小型化、少子化突出

家庭小型化和少子化从根本上改变了我国传统家庭结构，影响着养老资源的配置和养老模式的选择。在传统社会中，一般规模家庭拥有的人力、物力、财力基本能够满足养老需求。传统社会中家庭规模越大意味着能够提供养老所需的人力、物力和财力越多。经典人口转变理论告诉我们，随着现代化进程的推进，以生育率下降为主导力量的人口转变会导致人口少子化结果的必然出现。我国也不例外，但特殊性在于，我国人口转变是在严格计划生育政策、现代化双重影响下快速完成的，带有强烈的“人为干预”特点。受此影响，我国人口少子化快速推进，目前已处于严重少子化阶段（见表 2–1）。❹ 1982 年，3 人及以下家庭所占的比重为 34%，1990 年为 39.96%，2000 年比重为 46.17%，2010 年则超过一半，达 65.76%，到 2014 年已飙升至 70%；与此相对应的，5 人及以上家庭所占的比重则由 1982 年的 46.35% 下降至 2000 年的 23.32%，到 2014 年已降至 14.85%，家庭规

❶ 总报告起草组、李志宏：《国家应对人口老龄化战略研究总报告》，《老龄科学研究》，2015 年第 3 期。

❷ 翟振武、陈佳鞠、李龙：《中国人口老龄化的大趋势、新特点及相应养老政策》，《山东大学学报（哲学社会科学版）》，2016 年第 3 期。

❸ 总报告起草组、李志宏：《国家应对人口老龄化战略研究总报告》，《老龄科学研究》，2015 年第 3 期。

❹ 陆杰华、郭冉：《从新国情到新国策：积极应对人口老龄化的战略思考》，《国家行政学院学报》，2016 年第 5 期。

模也由 1982 年的 4.41 人 / 户降至 2014 年的 2.97 人 / 户，这也意味着传统家庭结构已基本不复存在，传统家庭所形成的养老模式受到挑战。这也导致现代社会空巢老人、单亲家庭、“独生子女”家庭、“失独家庭”等问题突出。换言之，传统多子家庭已不再是我国社会主要的家庭类型，承载养老功能的家庭人口基础发生重大变化，进而在经济供给、生活照料、精神慰藉、疾病看护等方面对养老与社会治理带来挑战。

表 2-1 中国家庭结构及其变化（1982—2014 年）[1]

年份	3 人及以下户比重（%）	5 人及以下户比重（%）	家庭规模（人 / 户）	夫妇核心家庭比重（%）	单亲家庭比重（%）	65 岁及以上空巢家庭（万户）
1982	34.10	46.35	4.41	4.79	7.98	—
1990	39.96	34.14	3.96	6.49	6.34	—
2000	46.17	23.32	3.44	12.93	8.57	1562
2010	65.76	16.68	3.10	18.46	13.67	2797
2011	67.71	15.37	3.02	—	—	—
2012	68.08	15.13	2.98	—	—	—
2014	69.26	14.84	2.97	—	—	—

与此相伴而生的是我国养老资金保障问题。从表 2-2 可以看出，一方面，改革开放以来，中国的老年人口养老资金保障能力不断提升，老年人收入更加多元化，养老金在一定程度上有所提高，特别是城市由 1995 年的 48.54% 到 2010 年的 66.30% 增至 2015 年的 71.05%，养老更多由国家提供的养老金来承担，家庭所承担的养老负担与功能有所弱化；另一方面，老年人口的收入来源呈现出比较明显的差序格局，广大乡村地区相较城市而言，仍然收入差距较大，主要依靠家庭供养为主。特别是农村，国家所提供的养老金比重较低，虽然劳动收入有所增加，由 1995 年的 29.18% 到 2010 年的 41.18% 再到 2015 年的 34.36%，但家庭供养依然是最主要的养老保障，在 2015 年仍然占到 46.40%。乡镇也是如此，2015 年达 39.95%，依然是首要的养老资金来源。乡村地区又是重要的流动人口来源地，青壮年劳动力常年外出务工是一种常态化状况，这就导致老人空巢化与供养难问题的出现。就城市养老而言，也存在类似的问题，据有关调查研究显示，难以承

[1] 穆光宗、茆长宝：《人口少子化与老龄化关系探究》，《西南民族大学学报（人文社科版）》，2017 年第 6 期。

受养老经济压力的独生子女夫妻比例高达37%，远高于非独生子女6%的比重；此外，54%的独生子女家庭忧虑经济条件不能满足养老的需要，家庭养老的经济压力已给独生子女带来巨大的心理负担。[1]

表2–2 中国老年人口收入主要来源 单位：%

主要收入来源	1995			2010			2015		
	城	镇	村	城	镇	村	城	镇	村
劳动收入	14.30	14.01	29.18	6.61	22.27	41.18	6.29	20.90	34.36
养老金	48.54	29.81	4.39	66.30	26.29	4.60	71.05	28.72	7.48
家庭供养	34.94	53.10	64.23	22.43	44.52	47.74	17.29	39.95	46.40
其他	2.2	3.08	2.20	4.65	6.93	6.48	5.37	10.43	11.76

资料来源：2010年的第六次全国人口普查资料汇总数据及1995年和2015年全国1%人口抽样调查汇总数据

当今中国，无论在城市还是农村，三、四代“同堂而居”的家庭都已不多见，三口之家或四口之家已成为当下主流的家庭类型。这种家庭结构的变迁带来养老模式的变化，中国传统社会所倡导的家庭养老模式被打破。“老有所依”不再以家庭为主要单位与主要方式，社区养老、医养结合等新型养老方式的兴起，给老年人的晚年生活带来更加多样化的选择。当然，这种家庭结构的变迁，带来的还有老人与子女沟通、相处方式的变化，老年人更加倚重子女所提供的“精神慰藉”。

4.空巢、独居老人规模迅速增加

空巢、独居的背后是现代社会家庭居住离散化的反映，也使家庭关系日益松散疏离。面对激烈的社会竞争和快速的生活节奏，子女为了谋生和获得更好的发展，不得不长期在外学习工作，从而与父母两地分居，即便与父母居住较近的子女也大多迫于现代生活的沉重压力而不能照顾父母，这导致中国事实意义上的空巢老人和独居老人规模非常庞大。据翟振武等（2015）实证研究表明，截至2015年初，中国老年人口中有近一半是空巢老人，总量已经突破一亿。其中，单独一人居住的独居老人占老年人口总数的10%，与配偶同住的老年人则占到老年人口总数的41.9%。[2] 心理学界对空巢、独居老人进行调查

[1] 王回澜：《独生子女家庭养老的现状与问题》，《人口与发展》，2006年第4期。
[2] 翟振武、陈佳鞠、李龙：《中国人口老龄化的大趋势、新特点及相应养老政策》，《山东大学学报（哲学社会科学版）》，2016年第3期。

分析后，把他们出现的健康问题称为“空巢综合征”，既表现为由于紧张、恐惧、焦躁不安等不良情绪所带来的心理紊乱问题，也表现为由于长期缺乏情感慰藉而带来的生活幸福感降低问题，还表现为由心理障碍所引发的睡眠障碍、高血压、糖尿病、心脏病等疾病。[1]因而，如何让空巢、独居老人能够老有所依、老有所养、老有所乐，这不仅关系着老年人能否安享晚年，也关系着能否增进民生福祉、全面建成小康社会、建设健康中国的国家大计。

5.城乡倒挂，老年群体呈现差异化

与经济发展水平的城乡差异恰好相反，城乡之间常住人口老龄化程度的差异则体现为农村老龄化程度高于城镇老龄化程度。1997—2017 年，中国 65 岁及以上老年人口比重已从 7.04% 增长到 11.39%。其中，农村 65 岁及以上老年人口比重从 6.75% 增加到 13.22%，而城镇从 7.67% 上升到 10.09%，农村人口老龄化超过城镇。[2]

此外，老年群体也表现出较大的差异性。赵众杰等（2020）一项调查表明，北京市老年人的居住安排以与配偶居住为主，其占比为 44.0%，独居老年人所占比重为 8.77%。独居和与配偶居住的比例高达 52.77%，即超过半数的北京市老年人未和子女、孙辈等共同居住，传统的家庭养老方式正在发生结构性转换。[3]相对而言，与配偶共同居住的老年人中，高收入和高教育水平的比例更高，大学专科以上的老年人中这一比例高达 53.7%，全部子女在省外居住的比例（7.9%）也高于其他群体。[4]不同的老年群体，对养老的需求也有较大的差异化。本书所关注的高知老年群体，相较其他群体而言，更加关注的是精神慰藉，希望晚年生活能够实现“老有所乐”与“老有所成”。

---

[1] 葛庆军:《空巢老人心理健康状况及影响因素探究》,《心理月刊》, 2019 年第 13 期。

[2] 范建双、高骞、周琳：《城乡人口老龄化对城镇化的双边效应》，《中国人口科学》，2020 年第 2 期。

[3] 赵仲杰：《共同行动：构建社区居家养老服务体系》，《北京日报》，2020 年 2 月 6 日第 8 版。

[4] 葛延风、王列军、冯文猛、张冰子、刘胜兰、柯洋华：《我国健康老龄化的挑战与策略选择》，《管理界》，2020 年第 4 期。

（二）老年群体社会学特征画像

中国不仅是世界上老年人口最多的国家，也是全球人口老龄化速度最快的国家，未来半个世纪，老年人口数量和人口老龄化水平将同步快速推进。根据联合国人口预测方案推算，中国 60 岁以上老年人口将在 2034 年超过 4 亿。欧洲国家用 100 年时间、发展中国家用 60 年时间达到的老龄化程度，中国只需 20 年。[1]老年群体将是我国人口中非常重要的构成部分，社会形态也将因此发生变化。“家有一老如有一宝”，习近平总书记强调，老年是人的生命的重要阶段，是仍然可以有作为、有进步、有快乐的重要人生阶段，老年群体依然是我国宝贵的人力资源。中共中央办公厅老干部局阎毅强研究员在《发挥老年群体潜在价值 助力实现中国梦》一文中，对老年群体特征进行了概括，认为作为经济社会的重要组成部分，要实现“两个百年”的奋斗目标就要充分发挥老龄化背景下数量巨大的老年群体的重要作用与价值。[2]从社会学特征来看，中国老年群体具有如下特征：

1.老年群体具有较为深刻的思想政治觉悟和亲历对比体验

当前阶段，我国老年群体诞生于新中国、成长于新中国，长期接受党和国家的思想政治教育，把自己的一生奉献给了社会主义事业，拥有较高的思想政治觉悟和强烈的爱国心，对党和国家的认同感强。他们中的很多人都有着强烈的事业心和责任感，有的虽已退出工作岗位，但仍然心系大局，关心国家大事，关心社会的改革、发展和稳定。由于亲身经历了新中国成立以来的沧桑巨变和中国新旧社会制度的更替，因此，老年群体更能珍惜今天我国经济发展和社会进步的成果，也更期盼社会的和谐、安定，愿意为社会发展贡献他们的余热。特别是随着经济快速发展，社会保障能力不断提高，老年群体生活得到较好保障，精神需求和自我实现需求成为很多老人新的现实追求，他们希望继续为社会贡献自己的力量，并渴望从中获取社会的认可和尊重，

[1] 刘家强：《老年人力资源开发是解决老龄问题的基础》，《光明日报》，2014 年 10 月 28 日第 12 版。

[2] 阎毅强：《发挥老年群体潜在价值 助力实现中国梦》，《老龄科学研究》，2014 年第 12 期。

因而应通过制度设计，实现老有所成的老年社会治理目标。

2.老年群体有一定的群众威望和道德传承影响力

老年群体在长期的社会工作与实践中，长期深耕于自己所在领域，对社会有建树、对专业有成就、对家庭有功劳、对同事有帮助，因而具有较高的社会威望。他们中有的是留守农村的德高望重的长辈老人，有的是在某一领域或专业上人们认可的权威专家，有的在处理协调某些社会事务和家庭邻里人际关系等方面大家接受的榜样魅力，从而使他们中的很多人在社会、单位、社区或村镇中拥有较好的群众基础和声望。作为社会生活中的长者，在他们身上传承着中华民族源远流长的忠孝节义伦理观念、积德行善社会美德和自强不息的民族精神，因而可以在社会上积极树立老年人群体中的道德模范榜样，鼓励他们发挥好道德模范示范作用和感染作用，实现老有所教的老年社会治理目标。

3.老年群体有较为丰富的知识、技能积累和社会实践经验

老年群体在长时期的工作和学习中积累了丰富的知识、技能和社会实践经验，他们曾经在不同领域和行业为新中国的社会主义建设事业建功立业。87岁的“杂交水稻之父”袁隆平至今还在为“解决国人的吃饭问题”不懈奋斗，84岁的“共和国勋章”获得者钟南山依然奋斗在抗疫第一线，74岁的“天眼之父”南仁东用青春与生命铸就了“中国天眼”的浩瀚问世，60岁的“当代愚公”黄大发以愚公移山之志凿出的“大发渠”为当地群众叩开了脱贫致富之门。丰富的人生经历使他们见多识广、知识渊博，有处理难事、棘手事和技术性事务的能力与水平，是难得的科研技术攻关、处理社会事务和人民内部矛盾及协调民事纠纷等方面的宝贵人才资源。我国可以通过制定相关政策法规，鼓励他们继续发挥自身的才干和余热，实现老有所为的老年社会治理目标。

4.老年群体有一定的富余时间和兴趣爱好

老年群体中的绝大多数人都已卸去正式的职业身份，完成了从城乡繁忙紧张的劳作到家庭较为清静的休闲生活的角色转换。很多老人拥有一技之长和自己的兴趣爱好，有些热衷于棋牌，有些擅长绘画、音乐，还有些运动热情不减。退出职业生活领域使他们有一定的闲暇时间可用来培养自己的兴趣爱好，可以通过老年大学，组建老年社团，诸如舞蹈队、门球队、健身队、戏迷队等多支队伍，实现老有所乐的老年社会治理目标，实现“欢乐的一片、健康的一片、稳定的一片、和谐的一片”的晚年景象。

二、高知老年群体的特征画像

高知老人是老年群体中特殊的一类，他们一方面事业有成、子女培养成功，另一方面，他们晚年生活又高度独立自律。我们试图对这一特殊群体进行大体画像勾勒，呈现出这一群体的多维面相。

（一）高知老年群体的人口学画像

1.学历高、经济收入有保障

相较于社会其他老年群体而言，学历高、经济收入有保障是高知老人群体最为突出的特征。中国政法大学李超教授 2012 年调查了北京市海淀区 293 位老人，其中接受过大学及以上教育的受访老人接近 3/4，老人们的平均年收入为 9.2 万，经济收入较高，对自己的养老保障满意度较高。[1]辽宁师范大学的于潇宇等 2017 年对大连市 300 位高知老人进行了调查，发现超过 70% 以上的老人具有本科及以上学历，其中 55.48% 的老人为本科学历，21.93% 的老人为大专学历，14.62% 的老人为硕士，7.97% 的老人为博士。这些老人的收入较高，退休金在 3001 ~ 5000 元的占 66%，在 5001 元以上的占 22%，在 2000 元以下的仅占 2%。[2]与一般老年人相比，高知老人接受过良好的文化教育，具有良好的经济保障，使他们解决了“老有所养”的养老难题，更关注精神上的慰藉，更希望晚年实现“老有所为”“老有所乐”等更高层次的满足。

[1] 李超、王雷：《海外移民潮背景下留守老人代际情感影响分析——以北京市为例》，《北京社会科学》，2014 年第 7 期。

[2] 于潇宇、班晓娜：《需求层次理论视域下高知空巢老人养老需求分析——基于大连部分高校调查》，《辽宁经济》，2018 年第 5 期。

2.空巢比例高、独立养老意愿高

高知老人的子女大多事业有成、家庭独立，在这一群体中又一突出的人口学特征是空巢比例高。早在 1997 年，北京大学老干部处的调查数据就显示了这一特点，91 个家庭的 135 个子女在国外，占不在老人身边的子女总数的 97.1%。[1]2007 年的数据再次验证了这一点，北京大学社区的老年人中空巢老人为 1541 人、独居 272 人，多数老人子女出国留学继而留在国外发展和居住。[2]2012 年的北京大学高知老人的调查再次验证了这一点。在被调查的 352 位老人中，子女在国内外地的为 22 例 (占 8.6%)，同区不同街道的为 135 例 (52.5%) ，同区同街道的为 29 例 (11.3%)，国外 71 例 (27.6%)。日常来往情况：多 128 例 (42.7%)，一般 132 例 (44.0%)，很少 40 例 (13.3%) 。[3]2017 年，对大连地区 307 位高知老人的调查中，44.2% 的受访者的子女生活在与他们不同省份的异地，18.6% 的受访者的子女在国外学习或工作，这些老人中 34.9% 的受访者有独立养老意愿，32.6% 的受访者有家庭成员养老意愿，20.2% 的受访者有机构养老意愿，12% 的受访者有社区居家养老意愿。[4] 国内有不少学者用“亲而不近、分而不离”来概括高知老年群体的家庭特征（陈文玲，2008；李超，2014）。“老有所依”的解决，与子女的相对独立生活，使高知老人更注重社会活动参与，也使他们更加积极追求丰富多彩的晚年生活。

3.高龄化、身体较为健康

高知老人群体经济收入和居住条件相对较好，医疗养老有保障，并普遍较为注重身体锻炼与科学养生，因而相较同龄人而言，更加健康长寿。中国政法大学李超教授 2012 年调查了北京市海淀区老年大

---

[1] 杨善华、贺常梅：《责任伦理与城市居民的家庭养老——以“北京市老年人需求调查”为例》，《北京大学学报（哲学社会科学版）》，2004 年第 1 期。

[2] 陈文玲：《“亲而不近”: 城市知识分子空巢家庭的亲子关系——以北京市 B 大学退休教师养老状况为例》，《中国青年政治学院学报》，2008 年第 2 期。

[3] 田清涞：《北京大学空巢老人居家养老问题调查》，《中国老年学杂志》，2014 年第 14 期。

[4] 金瑞文、班晓娜：《高知空巢老人养老方式选择意愿及影响因素分析——以大连地区为例》，《辽宁经济》，2018 年第 7 期。

学的293位老人，这些老年人平均年龄为75.62岁，最低年龄是60岁，最高年龄是96岁，70岁及以上的老人占80%，这些老人大多数健康状况较好、生活自理能力较强，在健康方面平均水平为20.86分（分值范围为0～22分，分值越高越健康）。[1]辽宁师范大学金瑞文（2018）对大连地区高知老人的调查也验证了这一点，在307名被调研老人中，身体健康情况方面，38.9%的老年人可以实现完全自理，47.2%的老年人基本能够自理，只有1.3%的老年人在大多数情况下需要他人照顾。[2]健康的体魄是实现“健康养老”的最重要基础，这也使得高知老人更有可能营造和实现高质量晚年生活，为积极老龄化的实现提供了现实样本和解决方案。

（二）高知老年群体的社会学画像

当前，我国老龄问题已成为事关国家发展全局和亿万百姓福祉的重大战略问题。与一般老年群体相比，高知老人群体一般拥有较好的经济和养老保障，人文素养高、社会地位高，养老需求更加多元化，更加关注精神层面的需要，从而形成自身较具特色的社会学画像。

1.具有强烈的求知欲，渴望有更多学习与自我提升的机会

近年来，我国积极致力于建设学习型社会，国务院办公厅专门发布了《老年教育发展规划(2016—2020年)》，以促进老年教育事业的发展。国内外研究也表明，终身学习是实现成功老龄化的重要途径之一。高知老年群体自身文化素养高，具有强烈的求知欲，希望退休有更多的机会和渠道来参加学习，不断提升自我，实现“老有所学”的目标。上海开放大学孙传远副教授2017年对上海市4所市级老年大学457位学员的问卷调查发现，上海高知老年群体具有很强的学习意愿，73.9%的老年人认为自己“应该终身持续不断地学习”，90.9%的老年人个人或家里拥有电脑，“基本掌握电脑”的占32.2%，“熟练掌握电脑”的占4.9%。这些老人平均每天学习1～2小时的占26.9%，

[1] 李超、王雷:《海外移民潮背景下留守老人代际情感影响分析——以北京市为例》,《北京社会科学》，2014年第7期。

[2] 金瑞文、班晓娜：《高知空巢老人养老方式选择意愿及影响因素分析——以大连地区为例》，《辽宁经济》，2018年第7期。

2 ~ 3 小时的占 14.5%。[1]

2.具有较强的独立性，更注重情感慰藉

高知老人群体中独居比例远远高于普通老人群体，一方面，客观原因是子女大都事业有成，甚至不少居住在国外，另一方面，主观原因上很多是怕自己给子女添麻烦，宁愿选择独立养老。据北京大学老干部处 1997 年调查数据显示，北京大学退休教师中子女不在身边的占 97.1%。父母与子女之间联系的频率较低，父母主动与子女联系的情况是，每月一次的占 26.5%，半年一次或更少的占 81%；子女主动与父母联系的情况是，每月一次的占到 37.0%，半年一次或更少的占到 56%。[2] 相对于普通家庭而言，高知老人群体亲人之间联系相对疏松，除非遇到重大事情相互沟通一下，否则各自拥有相对独立的生活。与享受天伦之乐相比，老人们更体谅生活中子女的种种压力，更多主动选择独立养老，尽量不去打扰和依赖子女，聊天时也尽量“报喜不报忧”。这既是传统家庭观念中长辈与晚辈之间交往模式的延续，又是非常具有道德成分的“责任伦理”在高知老年群体中的普遍表现。这正如北京大学贺常梅所言：“老年人只强调自己对后代的责任和义务，从而在各方面对子女（包括孙子女）不计回报地付出，当子女在养老方面尽‘孝’不到位时则给予宽容(或者说对‘孝’的含义和标准做出自己的与传统标准不一样的解释)，同时在赡养的三个方面(经济支持、生活照料和精神慰藉)尽量自立和自己解决(即强调老年人自养和老夫妻互养)，以减轻子代的赡养负担。”[3]

3.具有较强的责任感，追求自我价值感和社会认同

北京大学田清涞教授对北大 352 位 60 岁以上退休教进行调研，发现其中 65.3% 的老人会选择在离退休后仍从事各种工作，返聘 24 例（7.6%），返聘一段时间之后终止 102 例（32.5%），做自己愿做的工

[1] 孙传远：《老年人远程学习现状调查研究——以上海老年人为例》，《中国远程教育》，2013 年第 12 期。

[2] 杨善华、贺常梅：《责任伦理与城市居民的家庭养老——以“北京市老年人需求调查”为例》，《北京大学学报（哲学社会科学版）》，2004 年第 1 期。

[3] 同[2]。

作一段时间之后终止28例（8.9%），自己继续原工作方向19例（6.1%）。[1]

辽宁师范大学金瑞文（2018）对大连地区307位高知老人的调查表明，大多数高知空巢老年人希望自己能够在社会上发挥余热，实现自我价值。其中，有意愿为社会做公益、做专业领域的顾问、学校返聘的老年人占比最大，高达样本总量的81%。[2]即使到了晚年阶段，高知空巢老年人仍希望自己在社会上能够"被需要"，以实现自我价值，进而获得自我满足感和获得感。

4.具有良好的心态，生活高度自律，生活满意度较高

北京大学田清涞教授对北大352位60岁以上退休教师的调研发现，被调查的老人中心情很愉快的有111例(34.3%)、心情很平静的有226例(69.8%)、感到孤独的有26例(8.0%)、感到冷漠的有17例(18.3%)、感到失落的有20例(6.2%)、感到自己无用的有18例(5.6%)，绝大多数老人拥有健康的心态。这些老人拥有良好的生活习惯并高度自律，其中92%(185例)的被访者都不吸烟，从来不喝酒128例(48.1%)，偶尔喝119例(44.7%)，53.8%(172例)的老人都能保持早睡早起的良好起居习惯，78.4%的老人通过健步走路来适当运动，从而达到科学养生的目的。[3]中国人民大学的杜鹏教授等人对北京地区1万名老人进行调研，发现"健康老人"以60岁前从事行政管理、工人和技术人员的群体为主（占66.6%）、学历较高（高中以上学历占63.6%），这些人的生活满意度也较高，"非常满意"的占31.2%、"比较满意"的占54.8%，两项合计占被调查者的86%。[4]

5.具有较为广泛的兴趣爱好，社会参与度高

高知老人较高的受教育程度和高质量的工作职位也带来了日常

---

[1] 田清涞：《北京大学空巢老人居家养老问题调查》，《中国老年学杂志》，2014年第14期。

[2] 金瑞文、班晓娜：《高知空巢老人养老方式选择意愿及影响因素分析——以大连地区为例》，《辽宁经济》，2018年第7期。

[3] 田清涞：《北京大学空巢老人居家养老问题调查》，《中国老年学杂志》，2014年第14期。

[4] 杜鹏、伊密、张鹏、曲嘉瑶、丁志宏：《北京市"健康老人"研究》，《人口与经济》，2007年第2期。

休闲方式的现代化，兴趣爱好也更为广泛。中国政法大学李超教授 2012 年对北京市海淀区老年大学 293 位老人的调查也证实了这一点（见表 2–3）[1]。

表 2–3　海淀区老年大学退休学员闲暇情况一览表　　单位：%

兴趣爱好	男	女	合计
琴棋书画摄影	20.1	21.6	20.9
花鸟鱼虫	6.5	15.0	11.0
烹饪	9.4	13.1	11.3
旅游	18.0	19.0	18.5
收藏	0.7	1.3	1.0
服饰美容	0	1.3	0.7
文艺活动	2.9	7.2	5.1
体育健身	14.4	8.5	11.3
书本影视	12.2	7.8	9.9
家庭理财	0	0.7	0.3
专业活动	4.3	1.3	2.7
计算机上网	7.2	2.0	4.5
其他	4.3	1.3	2.7

高知老人关心社会发展，也热心公益事业，积极参与社会活动。一份针对兰州地区 500 位高校退休老师的调研发现，这些老人具有很高的社会参与意愿，积极参与社会活动，在晚年依然热衷于向社会贡献自己的劳动和服务。这些老人中非常愿意参与的占 20.6%、比较愿意的占 55.8%。高知老人们参与社会活动的类型中文娱活动占比最大，为 37%，社会志愿活动占了 12%，参与学校及社区建设占比 16%，支农支教占 9%，参加老年大学的占 22%，进行经验交流的占 3%。他们愿意在退休之后的生活中运用自己的学术专长、工作技能来助力社会发展、实现自我价值。[2]

[1] 李超、王雷:《海外移民潮背景下留守老人代际情感影响分析——以北京市为例》,《北京社会科学》，2014 年第 7 期。

[2] 王艳芳：《高校退休教师社会参与的影响因素研究》，《西北师范大学》2020 年。

第三章 积极老龄化的理念变革与行动框架

一、世界老龄化治理理念的演进历程

（一）消极老龄化

人类进入17、18世纪后，死亡率开始缓慢下降，寿命得以延长。世界上最早关注人口问题的是美国经济学家阿弗里德·马歇尔（Alfred Marshall），他在1890年《经济学原理》一书中较为系统地阐释了人口研究的重要性，指出“人口增长的研究，往往被说成好像是近代的研究。但是，具有多少是模糊形式的人口研究，早已受到世界上一切时代的有思想的人的注意了……人类在数目上，在健康和强壮上，在知识和能力上，以及在性格丰富上的发展，是我们一切研究的目的”。[1] 1937年，著名经济学家约翰·梅纳德·凯恩斯（John Maynard Keynes)发表《人口缩减的若干经济后果》一文，他认为人口增长由于促进投资而促使经济成长，因而把人口增长率视为对经济发展有贡献的重要因素。1947年，美国经济学家约瑟夫·J.斯彭格勒（Joseph J. Spengler)发表《人口增长经济学概论》一文，正式提出人口经济学的命题。1950年，国际老年学会正式成立，1956年，联合国出版人类第一本研究人口老龄化的著作《人口老龄化及其社会经济含义》，向人类展示了老龄化的研究资料，并提出老年型人口的数量界定，提出达到65岁以上老年人占全部人口7%界定为老年型人口等重要判断。1972年，斯彭格勒出版《人口经济学》一书，全面系统地论述了人口经济学的概念和内容，使其成为较完整的理论体系。1973年，联合国出版了又一部大型人口学专著《世界

---

[1] [英]马歇尔：《经济学原理》（上），朱志泰译，北京：商务印书馆，1994年版，第158、193页。

人口趋势的决定因素及其后果》，对人口老龄化的前景充满隐忧，担心劳动力老化、劳动力素质下降、老年抚养比例增加等问题，最担心的莫过于老年人的身体每况愈下，会给社会和家庭带来医疗负担、照料负担等，并认为“逢老必衰，逢老必病”，老年人是需要被照顾的重点对象和特殊的人文关怀。因而，年轻型人口被视为国家财富，老龄人口被看作负担。传统的文化价值、经济环境及制度化的生活导致人类长期对老龄化问题的消极看待，这被称为“消极老龄化”时代（Gergen K.J.&Gergen M.，2000）。

（二）成功老龄化

然而，老龄化不是一个简单的生理变化现象，而是一个被社会和历史环境所建构的概念，随着经济环境和年龄认知的变化，世界对老龄化的看法逐渐从消极向积极转变。拉斯勒（Laslett，1989）在其著作《生命的新地图：第三年龄的出现》中，将人生分为四个年龄段：第一阶段具有依赖、社会化、不成熟、受教育等特征；第二阶段具有独立、成熟、责任、收入、储蓄等特征；第三阶段具有个人价值实现或成功的特征；第四阶段具有依赖、衰老、死亡等特征。并以第三年龄阶段的概念为基础对老年生活进行讨论，认为仅关注老年人的衰老和依赖会扼杀人类潜能。在拉斯勒看来，老年生活应分为两个部分，即拥有健康身体追求自由发展的第三年龄阶段和出现生理和心理功能障碍只能被动依赖的第四年龄阶段。退休的一大群体，健康、自由地追求自己的目标，进而第三年龄的出现成为促使发达国家社会结构转变的重要力量。社会面临的挑战是意识到这个巨大群体的潜力并将第三年龄阶段的积极特征（例如，对社会和个人均有利的时间和能力的使用）进行最大程度的普及。因而提出“成功老龄化”的概念，并把它视为研究人口发展趋势和老年群体特征的基础与起点。

“成功老龄化”概念最早由美国学者在1950年代提出，但广泛使用却是约翰和卡恩（John & Kahn，1987）在《科学》杂志上发表《人的老龄化：普通与成功》一文之后。[1]1998年，约翰和卡恩进

---

[1] Rowe J W,Kahn RL.Human Aging:Usual and Successful.Science.1987,Jul 10;237（4811）:143-149.

一步将“成功老龄化”内涵扩展为三个指标——没有疾病和残疾、身体和心理机能正常、积极参与社会生活。学者们认为老年人个体生理功能的衰退差异性较大，应探索老人保持健康状态的方式和方法，老龄化整体水平向“成功”趋近是摆脱老龄化困境的有效出路（William J.Strawbridge，Margaret I.，2002）。[1]这一时期，“成功老龄化”大部分研究围绕“身体健康”这个核心指标展开进行（Depp et al.，2006）[2]。

（三）健康老龄化

学术界随后提出的“健康老龄化”又是对“成功老龄化”表达方式的一种修正。因为“成功”一词具有强烈的价值判断色彩，而在实证研究中发现，许多老年人虽然患有各种疾病或身体残疾，却认为自己的老年生活是成功的（Elizabeth A et al.，2004），因而促成“健康老龄化”概念的提出。[3]自 1987 年 5 月世界卫生大会首次提出“健康老龄化”开始，健康老龄化研究把老龄化研究视角从结果移向过程，对于维护老年人口的基本健康和提高其生活质量具有积极的社会意义。1993 年第 15 届国际老年学会世界大会将“科学要为健康老龄化服务”(Science for Healthy Aging) 作为大会主题。2015 年，WHO 发布《关于老龄化和健康的全球报告》，对健康老龄化进行了明确定义，其后又于第 69 届世界卫生大会审议通过《老龄化与健康全球战略和行动计划》，为健康老龄化的多国和国际行动提供了行动框架指导。[4]但是，该理论仍然将老年人视为社会负担而非社会财富，更多的是从非

[1] William J.Strawbridge,Margaret I.Wallhagen and Richard D.Cohen,Successful Aging and Well–Being: Self–Rated Compared With Rowe and Kahn,The Gerontologist,2002, 42,（6）:727–728.

[2] Depp,Colin A.&Jeste,Dilip V.,Definitions and Predictors of Successful Aging:A Comprehensive Review of Larger Quantitative Studies,The American Journal of Geriatric Psychiatry,2006,14,（1）:6–7.

[3] Elizabeth A.Phelan,Lynda A.Anderson,Andrea Z.La Croix,and Eric B.Larson, Older Adults “ Views of ‘Successful Aging’—How Do They Compare with Researchers” Definitions?, The American Geriatrics Society, 2004,52,（2）:211–212.

[4] 范方春、吴湘玲：《老龄问题应对理念的辨析——历史和比较的视野》，《社会保障研究》，2018 年第 4 期。

社会权利的视角看待老年人口健康问题。

（四）生产老龄化

其后“生产老龄化”概念的提出意味着学术界开始注重老年人的社会参与问题。罗伯特（Butler，Robert.，1982）首次提出“生产老龄化”[1]，在他看来，没有必要把老龄化和生产率描述为人生命中两个完全不同的阶段，所谓老年人缺乏生产率是一个虚构的概念。实际上，如果不是因为疾病和社会不利环境的影响，老年人能够也确实有生产率，并且可以积极参与社会生产性活动。“生产性老龄化”概念引起人们对工业社会老年人角色变迁的辩论。玛蒂尔达等（Matilda et al.，1994）指出：工业化社会的经济增长为国家提供了重新分配日益增加的所有年龄的人休闲时间的机会[2]。她们认为，随着产出和休闲的增加，老年人可以承担一些中年人的工作，这样年轻人可以从劳动力和家庭角色的巨大压力中解脱出来。贝斯和卡罗（Bass & Caro，1992）的研究也证实了这一趋势：近十年来，在美国，人们越来越对让老年人在经济和社会生活中扮演重要角色感兴趣[3]。因此，如何消除那些阻碍老年人生产型社会角色作用发挥的因素，包括年龄歧视、缺乏培训机会、缺乏就业机会、惩罚性养老保障条款（如社会保障制度中的退休审查）等引起了人们的关注。

（五）积极老龄化

“积极老龄化”则是随着 20 世纪末西方积极心理学运动的盛行而出现的。积极心理学将心理学的目标由治疗转为潜能开发，表现在老龄化问题上就是要帮助老年人群开发潜能、树立积极的社会参与心态，消除非老年人群的年龄偏见，为老年人的社会参与提供适

---

[1] Butler,Robert,Productive Aging,in Bengtson and Schaie eds. The Course of Later Life , Springer, 1982:55-64.

[2] Matilda White Riley,Robert L.Kahn,and Anne Foner.,Age And Structural Lag:Changes in Work,Family,And Retirement,Wiley,1994.

[3] Bass,Scott A.and Francis G.Caro,The New Politics of Productive Aging,Greenwood Press. 1992, 2,（3）: 59-79.

宜环境。2002 年年初，WHO“老龄化与生命历程项目”向第二届老龄问题世界大会提交了《积极老龄化：一个政策框架》的报告，世界卫生组织健康发展中心（WHO）出版的《积极老龄化：从论证到行动》一书，对积极老龄化的概念、内涵进行了比较充分的阐释，不仅延续和发展了“成功老龄化”“健康老龄化”和“生产性老龄化”的内涵，在“健康”和“参与”两个维度以外又因老年人群的差异性而增加了“保障”维度；而且“参与”也不仅仅指经济参与，而是将社会、文化、体育和公共事务都涵盖其中，目的是使所有进入老年的人，包括那些残疾、虚弱和需要照料的人，都能提高健康的预期寿命和生活质量（WHO，2002）。从“消极老龄化”的传统理念到 1980 年以来的诸多老龄化理念，西方不断推进着“老龄问题应对理念的当代反思”（详见表 3-1）。

表 3-1 西方老龄化治理理念的发展脉络[1]

时间	提出者	主要成果
1890	阿弗里德·马歇尔 (Alfred Marshall)	“消极老龄化”，认为年轻人口是国家的财富，老龄人口则是国家发展的负担
1982	罗伯特（Butler Robert）	提出“生产性老龄化”，认为老年人能够也确实有生产率，并且可以积极参与社会生产性活动
1982	美国西奈山医学院国际长寿中心主任罗伯特（Butler Robert）	提出“生产性老龄化”，不仅强调老年人要有健康，而且认为老年人应该参与社会经济活动并有所贡献
1987	约翰和卡恩（John & Kahn）	在《科学》杂志上发表《人的老龄化：普通与成功》，提出“成功老龄化”，主张在正常老龄化中增加成功老龄化类型的研究，“成功”意指生理健康，即不被老年疾病困扰。
1987	世界卫生大会	提出“健康老龄化”概念，把“健康老龄化的决定因素”列为老龄研究项目的主要研究课题
1990	世界卫生组织世界老龄问题大会 （哥本哈根大会）	把“健康老龄化”作为应对人口老龄化的一项发展战略

[1] 刘文、焦佩：《国际视野中的积极老龄化研究》，《中山大学学报（社会科学版）》，2015 年第 1 期。

续表

时间	提出者	主要成果
1993	第 15 届国际老年学大会（布达佩斯大会）	把“科学要为健康的老龄化服务”作为会议的主题
1997	西方七国丹佛会议	首次提出“积极老龄化”概念
1999	欧盟召开“积极老龄化”国际会议	学者们从理论上探讨了积极老龄化问题及其解决的现实可能性
2002	世界卫生组织健康发展中心（WHO）	出版《积极老龄化：从论证到行动》，将“积极老龄化”的内涵定义为“人到老年时，为了提高生活质量，使健康、参与和保障的机会尽可能发挥至最大效应的过程”
2002	联合国第二次老龄问题世界大会	通过《老龄化马德里政治宣言》《老龄问题国际行动计划》

二、国际层面积极老龄化行动的开展

世界卫生组织《老龄问题国际行动计划（2002）》是指导积极老龄化的行动纲领，自从颁布之后 WHO 就通过建议、支持、交流与合作等多种形式在国际社会社会加以推进，其中联合国大会、国际劳工组织和欧盟的行动最有力。

（一）联合国大会

联合国在积极老龄化方面的行动最早可以追溯到 1982 年，在维也纳召开第一次世界老龄问题大会，通过了包括 62 项建议在内的《老龄问题国际行动计划》，1991 年又通过了《联合国老年人原则》。“原则”除呼吁扩大国际合作之外还专门就老龄权利的性别问题做了区分，认为要充分承认老龄妇女的社会贡献，全力支持老龄男性开发那些因养家糊口而被忽略的社会、文化和情感方面的能力。1995 年，联合国经济社会和文化权利委员会在《经济社会国际权利公约》的基础上提出了题为《老龄人口的经济社会文化权利》的第 6 号一般性建议。1999 年被联合国确定为国际老人年。

2002 年，联合国在马德里召开第二次世界老龄问题大会，讨论了就维也纳会议后 20 年来各国在老龄问题上的行动进展，并通过了《老龄化马德里政治宣言》和《老龄问题国际行动计划》，积极老龄化观念被纳入各国发展框架，成员国可以根据建议制定优先执行事项、评估执行需要并通过国际合作获得相关资源和帮助。

2003 年，联合国经济和社会事务部在维也纳为落实《马德里行动计划》召开了老龄问题区域协商会议。此后，联合国鼓励各国将老龄问题贯穿社会的各个领域，例如在扶贫问题中优先考虑贫困老人、在妇女问题中考虑到老年妇女的特殊性、在农村治理问题中考虑到农村老人群体、在疾病问题中考虑到老人健康与养护问题、在人权问题中考虑到被虐待老人的权益保护等方面。这样，老龄化就不再只是一个宏观的议题，而被分解为许多相关的具体议题，包括就业和社会保护、老年人与卫生、老年人权益、消除老年贫困、农村老年人发展与迁徙等。这一年，联合国社会政策和发展司启动技术援助行动，划拨老年发展经费用于支持会员国执行《老龄问题国际行动计划（2002）》（又称《马德里行动计划》）。同年，联合国人口司着手在人口报告中增加老龄化相关内容，并自 2004 年起定期发布《联合国人口估计与预测报告》。2005 年，联合国人类住区规划署通过了《把住房纳入贫困弱势群体适当生活标准权利》的决议。同年，联合国卫生组织召开世界卫生大会，通过了《加强老有所为和增进老年健康》的决议，提出应从三个方面敦促各国提高应对老龄健康问题的能力：第一，开发一套“工具包”，帮助初级保健服务提供者认识到并了解老龄人口的特殊需要；第二，制定一套“关爱老龄城市准则”，为老龄人口参与社会提供环境；第三，建立一个“知识库”，完善老龄人口保健体系。

2006 年，联合国又就《老龄问题国际行动计划（2002）》的执行情况进行了全面审查和评价。2010 年，联合国大会决定设立老龄问题工作组，2011 年至今已经召开 4 次工作会议。联合国已成为积极老龄化在全球范围推进的积极倡导者和有力领导者，在国际社会中发挥着重要作用，其具体行动见表 3-2。

表 3-2 联合国大会老龄化行动时序表

阶段	时间	形成的成果	主要行动及成果
积极老龄化概念出现以前	1982	第一次老龄问题世界大会,通过《老龄问题国际行动计划》	明确了各成员国在《国际人权公约》范围内为保障老龄人口权利而应采取的各项措施
	1991	《联合国老年人原则》	确立“独立、参与、照顾、自我充实、尊严”五原则
	1992	《老龄问题宣言》	呼吁扩大国际合作,注意老龄女性问题
	1995	《老龄人口的经济社会文化权利》	各缔约国有义务特别注意促进和保护老龄人口的经济、社会和文化权利,在性别平等的基础上强调老龄人口在工作、社会保障、家庭、生活水准、身心健康、教育文化等方面的权利
	1999	确定“国际老人年”	主题是建立部分年龄、人人共享的社会,具体包括“个人终身发展、多带关系、老龄化与发展、老年人处境”四个方面
积极老龄化概念出现以后	2002	第二次老龄问题世界大会,通过《老龄化马德里政治宣言》《老龄问题国际行动计划》	《老龄化马德里政治宣言》提出了19章具体的指导原则《老龄问题国际行动计划》提出了239项具体行动建议
	2003	召开老龄问题区域协商会议	落实《马德里行动计划》,促使各国制定出具体执行战略,鼓励各国政府将老龄化问题纳入到消除贫困计划,建议各国按照年龄和性别进行数据统计
	2004	决定定期发布《联合国人口估计与预测》	按照年龄和性别对世界人口状况加以统计,65岁及以上人口比例、抚养比、年龄中位数、各年龄段人口分布状况都被纳入统计和预测范围
	2005	《把住房纳入贫困弱势群体适当生活标准权利》	专门讨论老年人的居住问题
	2005	《加强老有所为和增进老年健康》	督促成员国执行《马德里行动计划》
	2006	审查和评价马德里行动计划的执行情况	2002—2007年为第一个审查和评价周期,2008—2012年为第二个审查和评价周期
	2010	设立老龄问题工作组	不限成员名额,每年召开工作会议
	2013	召开第四次工作会议	对《马德里老龄问题国际行动计划》第二次全球审查与评价的贡献、多边进程最新情况、社会保障和健康权、歧视和获得工作机会等四个主题问题展开小组讨论

资料来源:《国际视野中的积极老龄化研究》(2015)一文。

（二）国际劳工组织

国际劳工组织在落实《老龄问题国际行动计划（2002）》行动中更注重老龄人口的就业问题，自2003年起，国际劳工组织的年度大会中都会设置专门讨论老龄劳动者就业问题的环节。2003年，国际劳工大会着手修改1975年制定的《人力资源开发建议》，决定增加为老年员工提供教育和培训机会的内容。2004年，国际劳工大会进一步就老年人力资源开发问题通过了题为《人力资源开发：教育、培训和终身学习》的议案，强调终身学习的重要性及政府、企业和个人在其中所承担的责任，并建议各国政府应加强对各级教育和培训的投入。“议案”明确了政府、企业和个人在老龄在职培训和再就业培训中的不同责任，具体包括教育和就业前培训、在职和失业工人的能力开发、技能认证和发证框架、为体面劳动和社会融入而培训、培训提供者、相关研究和培训支助服务、国际合作与技术合作七方面内容。

2006年，国际劳工组织开始定期出版《全球社会保护报告》，向全世界公开报道老龄人口就业进展情况。2014年6月，国际劳工组织发布《2014全球保护报告》，其中第四部分专门论述了“老年男女的社会保护问题”，指出：当前，全球仍有48%的人到了领取养老金年龄却无法领到养老金，领取到养老金的也有相当一部分无法满足正常生活；根据现行法规在职劳动者中只有42%可以预期领到退休金，退休金的实际有效覆盖率可能更低；许多国家正在扩大缴费养老金的覆盖范围并建立非缴费养老金制度以保障老龄人口的最低生活水平。在178个被调查国家中，只有27个国家建立起缴费和非缴费普惠型养老金制度，50个国家建立起缴费和非缴费条件限制型养老金制度，77个国家只有缴费养老金制度，9个国家只有非缴费普惠型养老金制度，3个国家只有非缴费条件限制型养老金制度。全球持续遭受来自老龄化社会和政府财政不足的压力，只有10.8%的65岁以上人群能够享有非公共卫生的社会保障，占世界GDP总量的3.3%。[1]

---

[1] 刘文、焦佩：《国际视野中的积极老龄化研究》，《中山大学学报（社会科学版）》，2015年第1期。

（三）欧盟

欧盟是最为活跃的积极老龄化地区性国际组织，欧洲议会和欧盟委员会都是积极老龄化的信奉者和重要推动力量。2003 年以后，欧洲议会先后通过一系列和积极老龄化相关的建议和决议，其中包括“欧洲老龄化社会中的社会政策挑战”建议（2003）、“老龄移民的权利”建议（2003）、“社会凝聚力面临的人口挑战”建议和决议（2006）、“欧洲老年人的状况”建议（2007）、“21 世纪的老龄化与残疾：建立可持续发展的框架来实现包容社会中的更高质量生活”建议（2009）、“降低老龄移民脆弱性风险和提高他们的福利”建议（2011）、“促进积极老龄化——利用老年人的工作潜能”决议（2011）等。

为消除退休前的失业问题，逐渐推进延迟退休制度，欧盟第二个十年经济发展规划已经把“2020 年实现 20 岁至 64 岁人群的就业率达到 75%”列为欧洲“2020 战略”的五项核心目标之一，设定相应的政策议程和战略目标并分解到各个成员国。欧盟还将 2012 年确定为“欧洲积极老龄化和代际团结年”，积极推进欧洲在老年人雇用、社会参与和独立生活三方面的行动。

欧洲人权委员会（Steering Committee for Human Rights CDDH）下设老龄人权起草小组（Drafting Group on the Human Rights of Older Persons CDDH-AGE），分别在 2012 年、2013 年召开会议，通过了保护老龄人权的建议草案并提交欧洲议会。在遵循保护所有老龄人口享有自由平等人权的原则基础上，该草案从消除歧视、自主与参与、免予暴力和虐待、社会保障和就业、照顾、公正六个方面提出了具体建议，并且在每个建议内容中给出了可以借鉴的实践经验（CDDH-AGE，2014）。另外，2010 年，欧盟委员会旗下又设立积极健康老龄化创新伙伴（European Innovation Partnership on Active and Healthy Ageing）组织，2012 年，该组织提出了欧盟积极健康老龄化战略计划，包括三大支柱十个行动领域（European Commossion，2012），其具体内容见表 3–3。[1]

[1] 刘文、焦佩：《国际视野中的积极老龄化研究》，《中山大学学报（社会科学版）》，2015 年第 1 期。

表 3–3　欧盟积极健康老龄化战略计划

支柱	先行行动领域	特别行动领域
预防、筛查和早期诊断	健康素养，增强患者权利、伦理，坚守道德计划，使用新型器械和服务	在地区水准上能够识别是否在更好地坚持治疗上的创新
个性化的健康管理	发现新方法以更好地管理老年人健康并防止恶化；对老年人生理和认知功能的下降进行预防和早期诊断	帮助防止功能衰退和脆化
护理和治疗	提高对基于新器械和服务的成功的综合护理体系的建立和复制能力	包括使用地区远程监控技术在内的方法来建立慢性疾病综合护理体系
积极老龄化和独立生活	通过开放和个性化的方案提高积极老龄化和独立生活水平	发展信息和通信技术用于帮助老年人能够独立和自由活动地活得更久

为了给政策制定者提供一个有效的分析工具，对欧盟的积极老龄化进程进行准确的评价与判断，欧盟和联合国人口机构的一些专家合作，依据世界卫生组织对积极老龄化内涵的界定，从就业、社会参与、独立健康和安全生活、积极老龄化的能力和环境四个方面设计指标，确定权重，设计出积极老龄化指数（Active Ageing Index，AAI）（见表 3–4[1]）。欧盟还根据这一指标体系发布了《欧盟 2012 积极老龄化指数》报告，对欧盟 27 个国家的积极老龄化进展进行了排名，其中瑞士、丹麦、爱尔兰、英国、荷兰、芬兰、塞浦路斯、卢森堡、德国、奥地利排名居前十位。

表 3–4　欧盟积极老龄化指数表

总指数	积极老龄化指数			
二级指标	就业	社会参与	独立健康和安全生活	积极老龄化的能力和环境
三级指标	55 ~ 59 岁的就业率	志愿活动	锻炼身体	55 岁时的预期寿命
	60 ~ 64 岁的就业率	照顾儿女、孙子、孙女	健康及牙齿治疗、独立居住	55 岁时享有的健康预期寿命、心理幸福感
	65 ~ 69 岁的就业率	照顾老人	金融保障	ICT 使用
	70 ~ 74 岁的就业率	政治参与	终身学习	教育程度
	积极老龄化的实际经验	—	—	积极老龄化的能力

注：金融保障取决于 3 个指标：相对于 65 岁以下的人口，65 岁以上居中等收入水平；没有老年人的贫困风险；没有严重的物资匮乏。ICT 使用指 55 ~ 74 岁的人每周至少使用一次互联网。

[1] European Centre Vienna，March 2013，Active Ageing Index 2012 Concept，Methodology and Final Results.

与此相对应，作为重要的参与主体，欧洲企业社会责任协会（CSR Europe）也制定了相应的指标体系。2013 年，该协会联合英特尔、法国燃气苏伊士集团（GDF Suez），以及非政府组织欧洲年龄平台（Age Platform Europe），对 CSR Europe 的 23 个会员企业进行调查，推出《职业生涯再思考——企业人力资源管理如何应对更长的工作年限》报告，用以帮助企业从人力资源管理的角度来实现积极老龄化。

除政府间组织以外，非政府间组织也积极参与了欧盟的积极老龄化行动。欧洲年龄平台（Age Platform Europe）致力于提高社会对欧盟老龄人口的关注，推进欧盟在反歧视、老龄员工雇用、社会保障、社会包容、健康、无障碍、新技术和世代团结等方面的行动。自 2004 年成立以来，欧洲年龄平台每年都会制订详细的工作计划，并从 2007 年起开始发布年度报告。2013 年的年度报告以“通向一个年龄友好型的欧盟”为主题，着重论述了其在推进欧盟老龄人口的权利保障和社会参与问题上的行动。在老龄权利保障方面，它还不断收集《欧盟就业平等法》在各个成员国的影响和与年龄歧视相关的判例，游说欧盟议会制定法律消除就业领域以外的年龄歧视，努力促进欧盟在积极老龄化问题和老龄权利保障问题上建立起多边对话机制。在老龄社会参与方面，该组织帮助老年人参加欧洲议会选举，建立“欧洲积极老年市民”组织（Active Senior Citizens for Europe），动员和举办 4 月 29 日欧洲世代团结日和 10 月 1 日世界老人日等相关活动。发起“老年企业家支持青年就业”研讨会，削减劳动市场中的年龄层对立，促进老年人在各个领域的社会参与。

三、积极老龄化理念在中国的发展

老龄化是我国新时代的重要国情，也是国家发展面临的重大社会治理问题。“十三五”时期 (2016—2020 年)，我国 60 岁以上老年人口的增量约 3600 万人，年均增加近 720 万人。这样的增量水平，相当于“十二五”时期 (2011—2015 年) 的 84%，同期，老年人口占总人口的比重累计提高约 2.3 个百分点。到“十四五”时期，我国 60 岁以上老年人口将增加 4800 万 ~ 4900 万人，是“十二五”时期的 1.1 倍、

“十三五”时期的1.3倍以上，老年人口占比累计提高3.3个百分点，我国人口老龄化重新开始提速的时期。面对老龄化这样的社会常态化问题和形势，我们党和政府不断转变老年社会治理理念，实现由消极老龄化到健康老龄化再到积极老龄化的转变。

（一）以维护老年人身心需求为依据而形成的健康老龄化理念

在1987年5月召开的世界卫生大会上，世界卫生组织（WHO）提出了健康老龄化的概念。与此同时，我国作为WHO的重要参与国家，以著名人口学家邬沧萍教授为代表的理论界也提出了相应的中国版“健康老龄化”概念。这一概念认为健康老龄化应该包含以下五方面的内容：一是健康老龄化的目标是提升老龄人群的生命长度和生活质量，国家应针对健康老龄化提出相关的战略对策；二是健康老龄化的指标，不仅关注老年人的平均预期寿命，更关注老龄人群的生命质量；三是健康老龄化的宗旨是旨在帮助绝大多数老龄人群正常衰老，努力保持他们的身体功能正常且能自理生活；四是健康老龄化是老龄人群基本医疗、疾病预防保健、疾病诊疗康复的有机结合，是卫生保健、公共及老龄人群个人卫生、健康正确行为方式的有机整合；五是健康老龄化是老龄社会的治理目标，是国家和社会的共同责任。但随着健康老龄化的行动践行，人们发现上述概念还不足以涵盖健康老龄化的全部内涵，实际上需要关注的是老龄人群生理的健康和心理的健康两方面内容。这一理念一方面强调身体健康层面身体功能的正常健康运作，最大程度推迟影响生命进程的疾病产生时间，最长限度地延长老龄人群的生活自理状态；另一方面还强调国家与社会应帮助老年人维持良好的生理和心理状态，帮助他们保持完善的社会适应功能。此外，国家还应该努力保持社会结构和经济能健康、稳定且持续的发展，为老年人群提供丰富的物质保障基础，努力使其保持健康、幸福的生活状态。

健康老龄化概念在我国得到普遍的认同，从基本上满足了老龄人群的身心健康和生活质量需求，为近年来我国社会养老事业的发展奠定了指导理论。但是健康老龄化理念也客观存在着两个消极的影响因素：一是健康老龄化从核心上将老龄人群视为社会发展的负担，而非社会发展的推动者；二是仅从老龄人群的身心健康角度出发来满足老龄人群的健康需求，而不是从老龄人群的社会权利角度出发对该人群的健康需求进行管理，不够客观全面。

由此不难发现，健康老龄化理念认为，尽管老龄人群为社会经济发展作出了相应的贡献，但是随着他们进入老年时光，失去了相应的劳动和社会参与能力，因此变成社会的负担。这一理念随着积极老龄化理念的提出而从根本上被颠覆——积极老龄化认为老龄人群是被社会忽视的宝贵资源，要通过保障他们的身心健康来让他们能够继续有能力参与社会、经济、文化和相关社会事务，依然能为社会发展创造财富，依然是社会发展的积极贡献者。

（二）以维护老龄人群权利为依据而形成的积极老龄化理念

积极老龄化是指“提高老年人的生活质量，创造健康、参与、保障（安全）的最佳机遇”，从健康保障、社会活动参与、各类社会保障等各方面保障老龄人群最大化发挥社会效应的过程。“积极老龄化”是把人体老化过程看作一个正面的、有活力过程，倡导老年人必须有健康生活和贡献社会的机会。“积极老龄化”的过程同样是一个全社会参与的过程。如邬沧萍教授所言，对老年人个体而言，不仅要有健康的体魄，更要有参与社会的机会。对整个社会而言，“积极老龄化”不仅是一个老年人比重相对年轻人逐渐增大的过程，还是一个老年群体生存发展权益逐步得到保障的过程。因而，人口老龄化问题不仅仅是老年人个体或老年群体的问题，还是老年人与其他年龄群体权益的社会协调均衡发展问题。

邬沧萍教授指出“积极老龄化”有三个支柱，即“健康、参与、保障”。“健康”是指提高老年人生活质量，减少其因衰老带来的疾病，使其慢性疾病得到治疗和康复，以延长老年人社会参与的时间。“参与”是指老年人根据自己的能力、需要和喜好，参与社会经济、文化和精神活动。老年人通过各种方式参与到家庭、社区和社会发展中去，利用自己积累的知识、技能和经验继续为家庭、社区和社会做出贡献。“保障”是指老年人在不能照顾自己的情况下，支持家庭和社区通过各种途径和努力照料他们。在积极老龄化理念中，“积极”是核心，强调老龄人口对社会、经济、文化和相关社会事务的继续参与，认为老龄人群虽然退出了工作岗位，但是仍然可以成为家庭、社区乃至国家的积极贡献者。积极老龄化的主要目的是为了让所有进入人口老龄化的社会人群都能够获得健康的身心延续、能够延长其预期寿命、能够改善其生活质量。

邬沧萍教授在《重新诠释“积极老龄化”的科学内涵》一文中系统全面地介绍了积极老龄化的理念。他认为“积极老龄化”中“健康”是一个动态的、全生命过程的概念。积极健康的老年生活，是指身体、心理和精神各方面都要保持积极健康的状态。“健康”一词的含义不仅包括身体健康，更指精神健康以及社会适应良好。世界卫生组织出版的《积极老龄化政策框架》一书指出，促进精神健康和社会接触的政策和机会， 同那些促进身体健康的计划一样重要。因此，老年人精神状况良好、幸福感充分也是“健康”的重要表现。“积极老龄化”中的“健康”是一个动态的、全生命过程的概念。

“积极老龄化”中的“参与”不仅仅指生产性活动参与。国外用Productive Aging表示“积极老龄化”,有人将这个词跟生产性联系起来，翻译成“生产性老龄化”，中国香港地区则翻译为“丰富多彩的老龄化”，认为“积极老龄化”的“参与”不仅包括物质生产，还包括劳务、志愿服务活动等内容。事实上，老年人社会参与的价值应从超越市场的角度来理解，老年人在家庭中的家务劳动、在社会中的志愿者活动的成果也是老年社会参与的价值所在。老年人参与社会的价值和作用，还表现在社会文化传承方面，即通过老年人的言传身教来传承优秀的文化。老年人通过传帮带的方式，将优秀的文化积淀和实践经验积累传递给年轻一代， 从而在知识文化传承中起到重要作用。可见，老年人的社会参与不只创造物质财富，也创造社会价值。

“积极老龄化”中“保障”的含义远远超过社会保障范围。个体老年期的保障不仅仅指经济保障，还包括医疗保障、社会救助、长期照护等，涵盖了人身安全、食品安全、居住安全等各个方面。保障还有“保护”的含义，保护不仅意味着满足老年人的物质需求，更要维护老年人的尊严、确保其参与的权利，满足其受到照顾、实现价值以及个人全面发展的要求。保护的目的是让老年人得到各种必要的权利。

概而言之，“积极老龄化”的真正含义远远超过“老有所为”。通常，我国“老有所为”的主体主要是老干部、老专业科技人才、老知识分子等，但他们只是老年人中的一部分。“积极老龄化”是面向全体老年人群体的，不仅老干部、老知识分子要“积极老龄化”，普通老人也要“积极老龄化”。“老有所为”着重强调老年人参与社会、贡献力量的一面，“积极老龄化”还强调健康和保障的重要性以及三个支柱之间的有机统一和结合，参与社会仅是“积极老龄化”的一个方面。“积极老龄化”除了包含传统意义上的“老有所为”外，还包含其他五个方面，即“老有所养、老有所医、老有所学、老有所教、老有所乐”。

四、积极老龄化行动在中国的开展

21世纪的中国，人口老龄化是不可逆转的常态化社会现象。截至2019年末，我国60岁以上老年人达2.54亿，占总人口的18.1%，其中65岁及以上人口1.76亿，占总人口的12.6%。联合国最新人口预测显示，2050年中国老龄化率将高达35.1%。

积极应对人口老龄化最早见于正式文件是2006年3月《中华人民共和国经济和社会发展第十一个五年计划纲要》第38章第三节标题。2006年12月，中共中央、国务院在《关于全面加强人口和计划生育问题的决定》中，第七个问题就是以“积极应对人口老龄化”为题目。2012年“十二五”规划第36章，又一次使用“积极应对人口老龄化”。十八大报告中提出“积极应对人口老龄化，大力推进老龄事业和老龄产业”。十九大报告再次重申要“积极应对人口老龄化，构建养老、孝老、敬老政策体系和社会环境，推进医养结合，加快老龄事业和产业发展”。由此可见，积极老龄化既是我国应对老龄化的指导理念，也是老龄化社会治理的行动指南，已在多个领域制定相关政策、开展实践活动。

(一)社会养老保障制度与体系的不断完善

积极应对人口老龄化的首要任务是构建完善的社会养老保障体系和提供全方位的养老服务，并形成高效机制和健全网络。1983 年，在全国第八次民政工作会议上提出的“社会福利事业国家可以办，社会、团体可以办，工厂、机关可以办，家庭也可以办”的思想，标志着我国养老服务向多元主体参与的方向迈进。1995 年出台的《中华人民共和国老年人权益保障法》更明确提出：“地方各级人民政府应当根据当地经济发展水平，逐步增加对老年福利事业的投入，兴办老年福利设施”，这一法规极大地促进了我国养老服务事业的发展。在社区养老方面，1986 年民政部开始倡导社区服务，1987 年“城市社区服务工作座谈会”上进一步明确了我国社区服务的“民政福利性”，社区服务工作在全国范围内正式启动。1999 年民政部先后在全国的 16 个城市 26 个城区进行了“社区建设实验区”试点。

2000 年以后，中国养老服务得到了迅猛的发展，构建起多层次、多种类、多方式的社会养老服务体系。第一，构建了覆盖城乡的基本社会保障体系，使老年人的养老及医疗需求得到了切实的保障。第二，提供了多种类的养老服务选择。2000 年，中共中央、国务院发布了《关于加强老龄工作的决定》，坚持家庭养老与社会养老相结合、坚持政府引导与社会兴办相结合的老年社会服务体系发展原则，提出以居家社区养老为基础，机构养老为补充的多种类养老模式，以满足老年人的差别化养老意愿。第三，形成了多方位的健康支持体系。2014 年国家发展改革委等十部门联合下发《关于加快推进健康与养老服务工程建设的通知》，明确提出“到 2020 年要基本建立覆盖全生命周期的健康服务业体系”。2015 年《关于推进医疗卫生与养老服务相结合指导意见的通知》中首次对“医养结合”进行了战略部署，2016 年《“健康中国 2030”规划纲要》中提出要推进老年医疗卫生服务体系建设，2017 年民政部颁布的《养老服务标准体系建设指南》中进一步细化了养老服务的标准。第四，推进了老年宜居环境建设。2014 年，民政部等部委《关于推进城镇养老服务设施建设工作的通知》中将养老服务相关设施建设纳入经济社会发展规划、土地利用总体规划和相关城乡规划，2017 年《智慧健康养老产业发展行动计划 (2017—2020 年) 》中更提出要“建立 100 个以上智慧健康养老应用示范基地”。第五，老年权益保障法规逐步完善。2013 年新修订的《老年法》突出了对老年人的优待与帮助，明确了老年人获得经济上供养、生活上照料、精神上慰藉的权利。

(二) 积极老龄化的浙江样本

浙江是全国老龄化程度最高的省份之一（2014 年底全省 65 岁及以上老年人口占总人口的比例为 19.4%），也是全国人均 GDP 最高的省份 (除三个直辖市外)。浙江省良好的经济基础和人们较高的生活水平为积极老龄化实践奠定了较好的基础和提供了有利的条件。

1. 医养结合与积极老龄化：浙江省兰溪市的“网络养老院”

积极老龄化的理念要求我们构建老年人日常生活照料服务和医疗服务体系，以提升老年群体的生活质量。为了便利老年人获得各种养老服务资源，浙江省兰溪市在 2015 年初依托 96 345 家社会公共服务中心建立了“网络养老院”。这既是一个养老服务中心，又是一个信息交流平台，被称为“没有围墙的养老院”。该平台将老人的个人信息、健康状况、服务需求以及家庭主要联系人等信息输入平台数据库，并且与有关医疗机构衔接。在收到老年人的服务需求后，该平台会指派就近的加盟商为其提供上门服务。目前，这一平台的服务项目涉及 14 大类 137 个小项，包括为有特殊福利服务需求的老人开通 GPS 定位服务，防止失智或半失智老年人走失。这一虚拟养老院利用现代通信、网络技术打造了智能化的养老服务模式，整合当地各种社会资源，将线下服务与互联网相结合，将日常照顾与医疗服务相结合，使老年人可以通过这个平台得到相应的服务。

2. 文化养老与积极老龄化：浙江省杭州市转塘街道的“颐乐养老”项目

文化养老也是增进老年人自我实现的一种重要途径。随着社会经济发展和生活水平的不断提高，老年群体 (特别是城市老年群体) 对“文化养老”的需求不断增长，文化品位和需求层次的提升使休闲、学习和享受生活成为他们生活方式的重要组成部分。针对这些需求，杭州市转塘街道积极开展“文化养老”项目，建立了“颐乐养老”服务工程，形成了“品质养老”“文化养老”“科学养老”三位一体的养老服务新模式。当地社区积极组织文化学习课程，使老年人老有所学，同时也组织各种唱歌、跳舞、摄影、书法、健体等娱乐活动，使老年人保持积极的心态，乐观晚年生活，实现成功养老。

3.互助养老与积极老龄化：浙江省金华市的“时间银行”

积极老龄化理念倡导老年群体社会参与，为社会发展做贡献。这种贡献既可以发生在劳动力市场中，也可以发生在服务领域中。随着老龄化社会的到来，服务市场的劳动力缺口日益增大。低龄老人照顾高龄老人已经成为应对老龄化压力的一个基本出路，这为老年人发挥其生产性功能提供了广泛的空间。为了激励老年人进入服务市场提供劳动并确保他们的劳动能够得到相应的回报，发展“时间银行”可以作为一种重要途径来尝试。为此，浙江金华市乐福社会工作服务中心在 2013 年底创办了“时间银行”项目，吸引 1 300 多位老年人参加。该机构记录或存储老人提供服务的时间，以便他们在晚年需要服务时能够“消费”这些时间。这一机制促使老人成为当地社区养老服务的重要人力资源，从而实践了积极老龄化的理念。当地社工机构也为该中心指派有经验的援助人员进行管理，专业社会工作者采取周访或月访的形式回访老人，以核实“存储”和“支取”的具体情况来确保该项目的有效运作。

4.社会参与与积极老龄化：浙江省“银龄行动”

自 2003 年起，全国老龄委组织东部城市的退休知识分子向西部地区或经济欠发达地区开展智力援助行动。在此活动中，浙江省老龄办也组织了各行业的退休专家和知识分子开展“送医、送文化体育、送服务技能下乡”等活动。在当地，2014 年杭州市志愿者协会组织了“银龄互助”分会，组织低龄老人在街道、社区或社会组织中开展帮扶活动。这些活动为许多老人提供了帮助他人的机会，使这些老人能够发挥余热继续为社会做贡献，也使他们在参与过程中保持活力。此外，这些活动也改善了当地的生活环境和社会质量。

（三）积极老龄化的陕西样本

近年来，陕西省大力推进城市社区老年人日间照料中心和农村互助幸福院建设，通过强化居家和社区养老服务支撑、创新服务模式，夯实社区居家养老服务基础，高质量满足居家老年人的多元化需求。

1.强化居家和社区养老服务支撑

（1）完善政策法规体系。陕西省近年来相继出台《实施〈中华人民共和国老年人权益保障法〉办法》《老年人优待服务办法》《关于加快发展养老服务业的意见》《关于鼓励和引导社会资本进入养老服务领域的若干意见》《居家养老服务规范》和《社区老年人日间照料中心建设标准》等一系列操作性强的政策文件，涵盖规划用地、金融信贷、税费减免、社会参与等方面，为全省居家和社区养老服务业发展提供了政策法规保障。

（2）加大资金投入。近年来，省级福彩公益金累计投入22.52亿元，共建成各类养老服务设施13894个。其中，城市日间照料中心960个、农村互助幸福院12132个，分别覆盖了33.4%的城市社区和71.29%的行政村，特别是11个深度贫困县的农村互助幸福院实现了全覆盖。

（3）关爱农村留守老人。省民政厅联合9部门下发了《关于加快建立农村留守老年人信息台账和定期探访制度的通知》，通过建立以社区为平台、社会组织为载体、社会工作者和社区志愿者为骨干的“四社联动”服务模式，依托城乡社区建设，将4.5万名农村留守老年人全部纳入关爱服务体系之中。

（4）推动改革试点。自2018年西安市、宝鸡市被民政部和财政部确定为居家和社区养老服务改革试点地区，到2020年，陕西省10个设区市有8个获得试点资格。今年汉中市、杨凌示范区又被列为省级居家和社区养老服务改革试点地区，同时推广宝鸡市、韩城市农村互助幸福院规范化建设和运行管理的做法与经验，全省农村互助幸福院规范化建设和管理服务水平不断提升；推广西安市“城市15分钟养老圈”和宝鸡市“互联网＋智慧养老”经验，提高了全省居家和社区养老服务质量。

2.突出养老人才队伍建设

（1）完善四级培训体系。2018年，省民政厅联合财政厅下发了《建立和完善养老护理员培训机制的实施意见》，提出采取分级培训模式，建立健全省、市、县、养老机构四级培训体系。依托开设医学护理专业的高等院校建立了5个中高级养老护理员培训基地，每年开展中高级护理员培训。各地设立1个市级养老护理实训实习点，开展岗前和在岗职业技能提升培训。自2014年以来持续开展“千人培训计划”，鼓励开展省级和参加全国性职业技能竞赛，已累计培训8000人次。

（2）实施人才战略。2019年，省民政厅联合人社、财政、教育部门制定《陕西省关于促进养老护理员职业技能提升实施意见》，确定22个高校作为省级养老护理员培训基地，建立依托各类院校开设养老服务相关专业或相关课程、开展养老服务人才培训提升行动和“1+X”证书试点与推广的学历人才培养机制，建立科学合理、配置适当的梯次型人才队伍，并开展职业技能等级认定鉴定工作，建立薪酬待遇与岗位绩效、职业技能水平挂钩的考核激励机制。

3.创新居家和社区养老服务模式

（1）打造15分钟养老服务圈。为解决城市养老难题，陕西省民政厅提出10项具体措施，指导各市编制城乡社区养老服务中心建设规划，集中打造一批集养老护理、日间照料、居家养老、文化娱乐等功能于一体的养老服务综合体，打造15分钟养老服务圈。积极推动居家社区智慧养老服务信息平台建设，持续推进全省101个社区开展“互联网＋养老”试点工作，为老人提供便捷高效的居家养老服务。目前，西安市、宝鸡市通过“线上信息云＋一键呼叫＋线下上门服务”模式，实时掌握居家老人健康数据、活动轨迹、定位安全等信息，让更多老人享受“离家不离小区”的便捷服务。

（2）推进医养康护一体模式。重点发展“医养融合、康护一体”模式，各地市打造健康养老产业基地，鼓励和支持有条件的医院规划建设集医疗、保健、康复、护理、养老为一体的老年护理院，支持有条件的社区小型养老机构向社区护理院转型。铜川市充分发掘孙思邈“药王”文化资源，建设66家孙思邈中医堂，成立283个家庭医生医疗团队，围绕打造“6+6+N”居家养老模式，推进医养结合无缝衔接。榆林市榆阳区针对失能、半失能特困人员日常生活照护和康复治疗开展“医养结合集中养护”，成效显著。

（3）优化“时间银行”。陕西以居家社区养老为基础，以大数据、物联网等现代技术为依托，探索出了“政府＋企业”建平台、“公益＋市场”强运营、“线下＋线上”优服务为主要内容的“时间银行”。其中，咸阳市“时间银行”智慧健康养老新模式成功入围“2019中国改革年度案例”。

（4）拓展“扶贫开发＋养老”新思路。积极发挥农村互助幸福院在农村居家养老中的基础和平台作用，全力打造日托型养老模式。2017年，省民政厅联合省财政厅出台了《关于规范农村互助幸福院运营管理的指导意见》《关于对农村互助幸福院建设和运营管理情况进行绩效考评的通知》《关于印发〈省级福彩公益金资助农村互助幸福院绩效考评“以奖代补”资金管理办法〉的通知》，从制度、考评、资金等方面对农村互助幸福院进行规范、监管和扶持，推动了农村养老服务的发展，在助力脱贫攻坚中发挥了有效作用。

第四章　西安市高知老人访谈整体情况介绍

一、积极老龄化视角下的高知老人访谈提纲设计

人口老龄化已经成为全球大趋势，我国的人口老龄化问题也越来越严重，对我国的经济发展产生着深远的影响。西安市高校众多，高校退休老人的数量逐年增长，解决好高知老年群体的养老问题已成为当务之急。习近平总书记多次强调："让老年人老有所养、生活幸福、健康长寿是我们的共同愿望。"积极老龄化中的"积极"代表一种理念模式，而"积极老龄化"则是这一理念下的一系列关系和行为方式。本章积极老龄化访谈提纲的理论框架如图 4-1 所示。

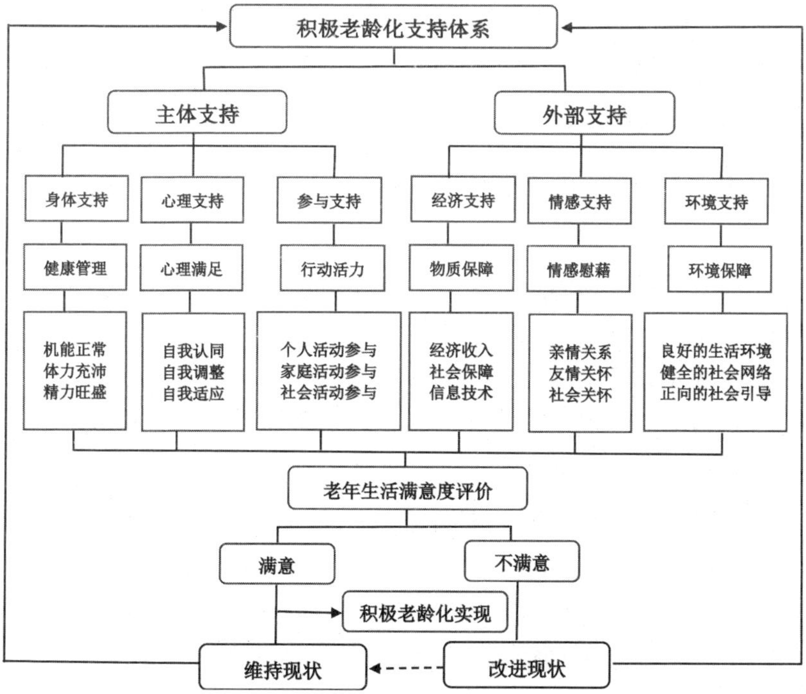

图 4-1　老龄化访谈提纲理论框架架构图

本章借鉴《积极老龄化视角下我国积极养老的实践探索》一文的理论框架，将高知老人访谈提纲内容大致分为五个版块，分别为老人的家庭支持情况、身体状况与日常照料情况、经济支持与保障情况、社会支持情况和情感支持情况。[1]在积极老龄化框架下，高知老人养老分为主体支持与外部支持两大部分，主体支持主要包括老年人身体健康与自理情况、心理健康与调适能力、自身活动参与情况三部分；外部支持主要包括经济支持和保障情况、亲朋好友与外界的情感慰藉情况和社会环境支持情况三部分。总体而言，主体支持与外部支持相互促进与影响，共同决定高知老人的晚年生活满意度。在主体支持和外部支持发展不均衡的情况下，主体支持可以弥补外部支持相对不足导致的问题，外部支持的保障也能够推动主体支持的发展。我们的访谈提纲是半开放式访谈提纲，主要内容如下所示。

高知老年群体访谈提纲

一、被访谈人基本情况

年龄：　　性别：　　籍贯：　　文化程度：

政治面貌：　　宗教信仰：　　婚姻状况：

退休前单位：　　具体岗位：　　职称：　　研究领域：

（一）家庭信息

1. 您目前和谁一起居住？是和配偶居住还是与子女一起居住？或是独居？

2. 您和配偶之间的关系如何？与亲戚的关系如何？与邻里的关系如何？

3. 您有几个子女？与他们的关系如何？他们在哪里居住？子女的文化程度如何？从事什么工作？婚姻状况如何？家庭经济状况如何？您会帮子女做家务吗？您会帮他们带孙子、孙女吗？

4. 您与子女们经常聊天或沟通吗？是否有共同的话题可交谈？多长时间联系一次？联系的方式是什么？每次聊天的时间是多长？

---

[1] 侯蔺：《积极老龄化视角下我国积极养老的实践探索》《老龄科学研究》，2017年第12期。

5. 子女多久回家来探望一次，最近一次探望是什么时候？回来的时候主要做什么（聊天、吃饭、旅游、陪看病、买药、买生活用品、买衣服、给您钱或者要钱等）？子女会帮您做家务吗？

（二）身体状况与日常照料

1. 您觉得自己现在的身体状况怎样？平时锻炼身体吗？

2. 您现在能不能生活自理？自己穿衣、洗漱？自己下楼？自己做饭？能否完成家务劳动？

3. 您的日常生活主要由谁照顾？主要照顾哪些方面？您家的家务活主要由谁承担？

4. 您家里的电器自己会不会使用？会不会用电脑或者手机视频聊天？

5. 您是否有喝酒、抽烟的习惯？是否服用保健品，什么类型？谁给您买的？

二、经济情况

1. 您对自己经济条件的评价如何？您有经济压力吗？主要来自哪些方面？

2. 您的退休金有多少？是否够花？您的生活费每个月大概是多少？主要用于哪些方面的支出？需要子女给予您经济支持吗？

3. 您有医疗保险吗？您每个月看病、吃药需要多少钱？是自己出还是单位出？觉得看病的经济负担重吗？您生病时子女是否会出钱给您看病？

4. 您请了保姆或者钟点工了吗？每月多少钱？由谁支付？

5. 您是否有存钱的习惯？是否购买保险？是否有其他投资或借款？

三、社会支持情况

1. 目前，您享受到的退休办 / 社区服务有哪些？（如：①免费理发；②设立生活用品供应点；③设立针对老年人的饭菜供应；④介绍保姆或钟点工；⑤免费体检或看病等医疗服务；⑥设立家庭病床；⑦组织

文体娱乐活动；⑧组织春游；⑨其他）

2. 您是否去退休办 / 社区提出过相关要求与帮助？退休办 / 社区工作人员逢年过节来看望您吗？

3. 您参加过退休办 / 社区举办的各种活动或比赛吗？获奖了吗？感觉如何？

4. 您所在的退休办 / 社区是否有社区医院或卫生站等医疗机构？是否为老年人提供基本的医疗服务？

5. 咱们社区有志愿者或者社工吗？他们都提供什么生活服务？他们会陪您聊天吗？多久来一次？

6. 您是否需要政府给您提供经济帮助？国家给您提供过什么帮助或者资助吗？您对国家的养老政策有什么意见或建议？

四、精神支持方面

（一）情感需求

1. 您喜欢退休生活吗？对目前的生活状况满意吗？

2. 您平时心情愉快的时候多吗？什么事情能让您感到幸福快乐？当您遇到开心事或喜事时会跟谁分享？

3. 您有烦恼或者苦闷、孤独的时候吗？多吗？什么时候特别严重？是什么事情导致您心情不好？当您心情不好、有心事时会找谁聊天？

4. 您认为您目前最大的困难是什么？您首先想到能给您提供帮助的对象是谁？

5. 当您在生活中遇到一件很重要的事情需要您做出决定时，您会找谁商量？

6. 您觉得您的子女孝顺吗？当您有困难或者生病时，您会告诉他们吗？

7. 您在本社区内的朋友多吗？您有一帮老朋友吗？会一起出去玩或者吃饭、旅游吗？

（二）尊重需求

1. 您最期望得到哪些方面的尊重？如社会的关心和重视、原单位的支持和理解、子女的支持和理解、老伴的支持和理解等。

2. 平日您的子女孝顺您的方式主要是什么？是提供物质方面的帮助还是经常与父母沟通还是尊重理解您的想法？您最喜欢哪种方式？

3. 您在决定个人问题、处理个人事务时，是否会受到子女的干涉？子女是否尊重您的意见？

4. 子女家里如果有大事要决定，儿女们会征求您的意见吗？会尊重您的意见吗？

5. 逢年过节时，您以前的单位同事或者学生会来看您吗？您高兴吗？

6. 您觉得整个社会对老年人尊重吗？有什么不满意的地方吗？

（三）发展需求

1. 您有哪些兴趣爱好？现在还在坚持吗？有同道或同行的朋友吗？

2. 您的日常活动主要有什么？如：①看电视听广播；②锻炼身体；③做家务；④给子女做饭带孩子；⑤种花养宠物；⑥参加广场舞、打麻将、打扑克、下象棋等活动。

3. 您喜欢外出参加一些社会活动吗？您参与社会活动的渠道主要有哪些？如：①以前单位组织；②自己学生组织；③熟人、朋友的介绍；④退休办、社区组织；⑤通过老年大学组织；⑥政府相关部门的组织等。

4. 您希望怎样丰富您的老年生活？如：①给子女做饭带小孩；②参加各种老年活动小组；③上老年大学；④参加各种社会公益活动；⑤参加各种文娱比赛等。

5. 您退休后是否继续读书做研究，写著作、论文，培养学生？

6. 您平时是否关注新闻和社会舆论？如果有，您是从什么渠道获取的？

7. 您是否会学习新工具？如用网络视频、玩游戏、用微信聊天、发朋友圈等。

8. 您觉得子女们在发展自己的事业方面让您满意吗？

二、本书高知老人访谈对象整体情况简介

本书的访谈对象集中于西安交通大学。该校是首批进入国家“211”和“985”工程建设的高校，2017年入选国家“双一流”建设名单A类建设高校，8个学科入选一流建设学科。学校是一所具有理工特色，涵盖理、工、医、经、管、文、法、哲、教、艺10个学科门类的综合性研究型大学，设有26个学院（部、中心）、9个本科书院和20所附属教学医院。现有教工6285人，其中专任教师3109人。师资队伍中有两院院士44名、国家级教学名师6名、国家杰出青年科学基金获得者42名、国家有突出贡献专家25名、国家“百千万人才工程”及“新世纪百千万人才工程”人选30人、教育部创新团队带头人29人次、教育部“新世纪优秀人才培养计划”入选者234名、为国家做出突出贡献并享受政府特殊津贴专家491名。学校现有学生42379名，其中本科生19012名，研究生21383名，留学生1984名，拥有本科专业86个、博士学位授权一级学科32个、硕士学位授权一级学科43个、博士专业学位授权点5个、硕士专业学位授权点27个，博士后流动站25个，国家一级重点学科8个，国家重点实验室5个、国家工程（技术）研究中心7个、国家工程实验室3个、国家国际科技合作基地5个、2011协同创新中心1个、省部级重点科研基地129个。作为一所拥有百年历史、扎根西部的综合型大学，目前离退休教师达4600人，详情见表4–1。截至2019年底，该校离退休人员性别比例分布平衡，其中男性占49.7%，女性占50.3%；年龄结构分布相对平均，60 ~ 69岁者占38.7%，70 ~ 79岁者占23.2%，80岁及以上者占30.2%；整体文化程度较高，大专及以上文化程度者为1995人，占离退休人员总数的43.4%，其中正高职称者850人，副高职称者946人；社会地位较高，其中副部级干部2人、正厅级12人、副厅级44人、正处级193人、副处级324人，因而该校是一个典型的高知老人群体聚集的院校。

表 4-1 西安交通大学 2019 年离退休人员情况一览表

<table>
<tr><td rowspan="2">退休类别</td><td colspan="2">离休</td><td colspan="2">退休</td><td colspan="3">总计</td></tr>
<tr><td colspan="2">74 人</td><td colspan="2">4526 人</td><td colspan="3">4600 人</td></tr>
<tr><td rowspan="2">年龄</td><td colspan="2">60 岁以下</td><td colspan="2">60 ~ 69 岁</td><td colspan="2">70 ~ 79 岁</td><td>80 岁及以上</td></tr>
<tr><td colspan="2">363 人（7.9%）</td><td colspan="2">1780 人（38.7%）</td><td colspan="2">1067 人（23.2%）</td><td>1390 人（30.2%）</td></tr>
<tr><td rowspan="2">性别</td><td colspan="4">男</td><td colspan="3">女</td></tr>
<tr><td colspan="4">2287 人（49.7%）</td><td colspan="3">2313 人（50.3%）</td></tr>
<tr><td rowspan="2">文化程度</td><td colspan="2">大专及以上</td><td colspan="4">中专高中</td><td>中专以下</td></tr>
<tr><td colspan="2">1995 人（43.4%）</td><td colspan="4">1722 人（37.4%）</td><td>923 人（19.2%）</td></tr>
<tr><td rowspan="2">专业技术职称</td><td colspan="2">正高</td><td colspan="2">副高</td><td colspan="2">中级</td><td>初级</td></tr>
<tr><td colspan="2">850 人</td><td colspan="2">946 人</td><td colspan="2">889 人</td><td>113 人</td></tr>
<tr><td rowspan="2">职务分类</td><td>副部</td><td>正厅</td><td>副厅</td><td>正处</td><td>副处</td><td>科级</td><td>一般干部</td></tr>
<tr><td>2 人</td><td>12 人</td><td>44 人</td><td>193 人</td><td>324 人</td><td>438 人</td><td>20 人</td></tr>
</table>

“积极老龄化”是我国老年社会治理的战略取向，是通向健康老龄化、尊严老龄化、幸福老龄化、效益老龄化和成功老龄化的必由之路。本书从积极老龄化视角对西安交通大学 67 位退休老人进行深度访谈，以期了解这一特定群体的晚年生活状况、心理健康状况和老年生活满意度，为实现“积极老龄化”提供鲜活的研究样本。我们的访谈形式是对每位老人进行 2 ~ 3 小时的深度访谈，访谈地点主要集中在社区老年人活动中心，也有部分访谈是在老人家中完成。在征得访谈对象同意的基础上，我们会对访谈对象进行拍照、录音。访谈人主要由大三学生担任，他们按照访谈对象数量，分成 67 个小组进行访谈，一个小组负责采访一位高知老人，小组成员一般在 4 ~ 6 人，这些小组成员一位负责现场记录、一位负责全程录音、一位负责拍照、一位负责现场协调联系。我们的访谈记录是在现场记录的基础上根据录音资料补充修订后形成的。考虑到访谈对象的隐私保护问题，本书对他们进行了匿名化处理，分别编码为 01、02、03、04……66、67。第五、六、七、八章我们选取了其中四十位有代表性的老师们的访谈，从“颐养天年——西安市高知老年群体‘老有所养、老有所医’访谈实录”“学

而无涯——西安市高知老年群体‘老有所学、老有所教’访谈实录”“乐享生活——西安市高知老年群体‘老有所爱、老有所乐’访谈实录”“老当益壮——西安市高知老年群体‘老有所长、老有所为’访谈实录”四个角度系统展示高知老年人的晚年精神世界与日常生活安排，也从他们身上看到积极老龄化实现的可能性与必要性。

第五章　颐养天年——西安市高知老年群体“老有所养、老有所医”访谈实录

本章的“老有所养”是一个相对狭义的定义，指老年群体基本养老需要的满足情况，即“老有所养、老有所医、老有所为、老有所学、老有所教、老有所乐”中的一维。党的十八大以来，在以习近平同志为核心的党中央关心、推动下，我国养老服务体系建设纳入“十三五”国民经济和社会发展规划纲要之中，“老有所养”稳步推进、成效显著。“十三五”期间，中央预算内投资支持养老服务体系建设的资金已经累计投入超过134亿元，互联网、物联网、人工智能等新兴产业与养老服务也在快速融合发展，我国“老有所养”的质量和水平全面提升。

在我们的高知老人访谈中，这些退休老师们对“老有所养”满意度较高。学校提供的较为丰厚的退休金和较为完善的医疗卫生服务已基本能够满足他们的养老需要，他们平时也很注重科学养生与健身，普遍身体健康状况良好、心态积极向上，也较好实现“颐养天年”的“老有所养”目标。

编号01——91岁，男，西迁老教授，外语学院老师

访谈对象情况简介：男，91岁，本科毕业，外语学院退休的老教授，也是交大西迁老教授。老人已婚丧偶，目前自己一个人住。老人平时喜欢看报纸，每天生活大部分时间用来看报纸，也热爱锻炼身体，坚持了四五十年了。所以，老人虽然91岁高龄，但身体还很健康，生活能够自理。

访谈地点：交大教工之家。

照片上老人正在接受访谈，他也是本书接受访谈中年龄最大的老师

具体访谈内容：

访谈者：您现在和谁一起住呀？是和配偶居住还是与子女一起居住？还是独居？

老人：老伴去世了，我自己一个人住，没跟孩子住在一起。

访谈者：您的子女多久回家来探望您一次？

老人：他们经常回来，会帮忙做些家务。

访谈者：您觉得自己现在的身体咋样？平时锻炼吗？

老人：我现在身体很好，每天早晨都下楼散步，经常参加锻炼。

访谈者：您真棒！您的日常生活主要由谁照顾的？家务活主要由谁干呀？

老人：我自己照顾自己，家里也没啥家务活儿可干的。

访谈者：您有经济压力吗？您的退休金够不够花？

老人：挺好的，没有什么经济压力，生活很愉快的。我的退休金每个月有 6700 元，生活费每月花 1000 多元就够了，主要用在吃穿上，所以，不需要子女给钱。

访谈者：您有医疗保险吗？您生病时子女是否会出钱给您看病？

老人：有医保。我的钱足够花了，不需要子女替我出钱看病。

访谈者：您喜欢退休生活吗？对目前的生活状况满意吗？

老人：我挺满意的，觉得挺惬意的。

访谈者：您有烦恼或者苦闷、孤独的时候吗？这种情况多吗？

老人：我没什么苦闷的事。每天的生活以看报纸为主。

访谈者：您觉得您的子女孝顺吗？他们在发展自己的事业方面让您满意吗？

老人：子女都很孝顺，他们的事业发展都挺满意的。

访谈者：您有哪些兴趣爱好？现在还在坚持吗？有同道或同行的朋友吗？

老人：每天早晨下楼活动，锻炼身体，坚持四五十年了。

访谈者：您退休后是否还继续读书做研究？关注时事新闻吗？

老人：退休后没有继续做研究了。我平时比较关注新闻，经常看《西安晚报》《华商报》，《人民日报》有时间也翻一翻。

编号02——90岁，男，西迁老教授，机械学院退休老师

访谈对象情况简介：宋教授，男，90 岁，中共党员，退休前是机械学院机械专业的教授、博士生导师。宋教授老伴已去世，除了大儿子在西安工作有自己的公司外，其他的孩子都在外地定居发展。目前宋教授和大儿子住在一起，生活能自理，听力不太好，平时喜欢写写字、作作诗。宋教授 1952 年进入上海交大执教，1956 年跟随西迁队伍来到西安教书，在西安交大共执教 37 个年头。他退休后依然担任博士生导师，坚持指导学生。

访谈地点：交大一村社区服务中心。

照片中宋教授正与访谈同学们进行亲切的交谈

具体访谈内容：

访谈者：老师，您今年贵庚啊？

宋老师：我姓宋，我 90 岁啦。

访谈者：您觉得退休以后生活怎么样？

宋老师：退休以后生活还可以。

访谈者：您退休之后跟您孩子一起住吗？

宋老师：嗯，跟我娃一起住。我娃都已经退休了，所以我们每天都生活在一起。

访谈者：那您以前在交大是教什么的呀？

宋老师：我是机械学院的，教机械制图的。

访谈者：您刚退休的时候，做一些研究、论文什么的吗？

宋老师：刚退休以后，学校返聘我，还要继续带博士生。

访谈者：那您是哪儿人啊？

宋老师：我是浙江绍兴人。

访谈者：您什么时候来西安交大工作的？

宋老师：我是 1952 年到上海交大工作，1956 年到西安的。我是第一批西迁过来的。

访谈者：那您是党员吗？

宋老师：我是党员，我的党龄很长啦！

访谈者: 那方便问一下您的文化程度吗？您是本科、研究生还是？

宋老师：我是专科毕业，1948 年大专毕业的，属于新中国成立前的大学生。

访谈者：我们来交大以后一直听一些关于西迁的事。您能不能给我们讲讲西迁时候您经历的一些事情？我们特别感兴趣。

宋老师：西迁啊？我小时候生活在旧社会，生活比较苦。西迁之后来到这里，我们全家都搬到这里了。我的家人都从上海过来了，当时条件有点苦。那时，西安交大刚建成，确实有许多不方便的地方，一些琐事比较多，这也是事实。我们当时一年只能回老家一次，不过，亲戚、家人都比较支持我，所以我感觉挺好的。刚来到西安这里，只能吃面食，我是浙江人，没有米饭吃就没吃饱，所以当时希望能供应大米。当时国家克服各种困难，给我们供应了一些大米，所以，我觉得挺好的。那时候，西安物价便宜，一只鸡只要一块钱，不管大小。

访谈者：您平时参加什么文娱活动吗？像看报啦，打麻将啦？

宋老师：电视就是每天早上、中午、晚上看一些综合报道，主要看中央一台和新闻频道。我平时喜欢写写字、作作诗。

访谈者：您在交大教书教了多少年？

宋老师：教书啊，教书1952年开始的，从上海交大开始的。

访谈者：那您是哪年退休的呢？

宋老师：我是1989年退休的。

访谈者：您主要做哪方面的研究？

宋老师：我就是教机械制图，把尺寸标准翻译过来，还有机械设计制图。

访谈者：那您的子女们现在在交大教书吗？

宋老师：没有，我子女都在外面工作。我大儿子是西安一个公司的董事长，做买卖的，还是政协委员，所以说我家的情况还是比较好的。

访谈者：那社区平时会有一些志愿者或者义工之类的来帮助您吗？

宋老师：我不需要，我和我小孩住一起，不需要的。

访谈者：社区里会有一些老年人服务吗？

宋老师：社区服务没有啥。就是我每天下午到"教工之家"去，那里环境比较好、条件也比较好，食堂也就在旁边，挺方便的。

访谈者：您去那里干什么？

宋老师：我们有交大老年活动室、学习室，我可以学习书法、写写字。

访谈者：那您现在身体怎么样？

宋老师：身体一般，没什么大毛病。

访谈者：您是子女来接您回家还是自己走？

宋老师：自己可以走。我自己走走还是可以的，但是不能走远了。

编号03——83岁，女，西迁老教授，机械学院退休老师

访谈对象情况简介：女，83岁，机械学院退休老师，西迁老教授。

当前和老伴一起居住，育有三个子女，大儿子生活在上海，是外企高管，小儿子生活在英国，是大学教授，女儿生活在西安。老人年轻时喜欢旅游，平时坚持打太极拳，爱打麻将。

访谈地点：社区老年人活动中心的麻将室。

照片中老教授正在接受同学们访谈

具体访谈内容：

访谈者：奶奶，您是交大毕业的吗？

老奶奶：是的，上海交大毕业的。

访谈者：您当时是学的什么专业呢？

老奶奶：我学机械，是机械学院的。

访谈者：您什么时候来西安的？

老奶奶：我是 1958 年搬过来的，跟着西迁过来的。

访谈者：您身体看着挺好的。您平常锻炼身体吗？

老奶奶：锻炼，早上打打太极拳。

访谈者：您有几个孩子？跟谁居住在一起？

老奶奶：目前我和老伴两人住。我有三个小孩，一个在上海，一个在英国，还有一个留在西安工作。我平时就是跟其他老人打打麻将。

访谈者：您跟您老伴怎么认识的？

老奶奶：他是我大学同班同学，一起留校，一起西迁，觉得很安心。

访谈者：您平时用手机吗？会视频聊天吗？

老奶奶：我没有用。因为我眼睛不太好，我老伴经常用，因为我们要跟英国的儿子、孙女聊天，都需要用到视频。

访谈者：那英国的儿子是不是只有春节才回来看您？

老奶奶：是的，每年春节他们都会回来。因为小儿子是英国的大学教授，平时比较忙。

访谈者：您的其他孩子呢？

老奶奶：我儿子是党员。大儿子在上海咨询公司当高管，孙女也是交大毕业的，现在去了英国留学。

访谈者：您的退休金够用吗？

老奶奶：够用够用。我们都花不完，日常也没有什么大的花销。

访谈者：您有医疗保险吗？医药费高不高？能负担得起不？

老奶奶：有。我们生病了、住院了，学校会给报销。我和老伴身体还行，所以平时去医院也不多，没啥医疗负担的。钱都够花！

访谈者：您现在最大的心愿是什么？

老奶奶：没什么心愿啦。现在国家这么好，我可以去看我儿子，英国我都去了三次了。而且，我觉得教师是个很神圣的职业，我带的学生都很有成绩，我也很开心。

访谈者：您有什么兴趣爱好呀？

老奶奶：我呀，年轻些的时候喜欢到处跑跑，旅游一下。现在，年纪大了，跑不动了，就喜欢打打麻将。这不，交大有老年人麻将活动室嘛，我们几个关系好的老人，就每天下午来这里打打麻将、聊聊天。

访谈者：那您现在除了看望您的孩子还会出门吗？

老奶奶：年纪大了，出门少了。不过，我有时还会去巴黎找我的哥哥，他们一家生活在那里。我去巴黎住在那里，比出去旅游舒服多了。

编号04——72岁，女，交大一附院退休医生

访谈对象情况简介：刘奶奶，女，72 岁，交大一附院退休医生，老伴也是交大教授，博士生导师，平常两人一起居住。育有三个孩子，都在西安工作、生活。刘奶奶爱好旅游、喜欢弹钢琴，也坚持散步锻炼身体。

访谈地点：刘奶奶家中。

照片中是刘奶奶和老伴跟学生们的合影

具体访谈内容：

访谈者：奶奶，您今年多少岁了？怎么称呼？

刘奶奶：今年七十二了，姓刘。

访谈者：刘奶奶，您退休前是做什么工作的？

刘奶奶：我退休前是交大一附院的医生。

访谈者：那您先生是做什么工作的呢？

刘奶奶：老伴是交大教授，博士生导师。

访谈者：刘奶奶，您有几个孩子呢？在哪里工作？

刘奶奶：我有三个孩子。他们都在西安工作。

访谈者：他们工作生活得好吗？要不要你们操心呢？

刘奶奶：都挺好的，虽然没有像你们一样优秀，但现在工作还可以，都成家立业了，也不用我们操心。

访谈者：那他们会经常来看您吗？

刘奶奶：会的，他们每周末都回来看我们俩。回来还带着孙子孙女，小孩子可调皮了。

访谈者：这钢琴是您的吗？

刘奶奶：这是孙女学钢琴时我买的。平时我没啥事，我喜欢弹钢琴，就和老师学习，我学会就回家来教孙女。我现在年纪大了，活动得也少，多动动手，可以预防老年痴呆。

访谈者：刘奶奶真的很疼爱您的孙女啊！那您退休以后平时每天

都做什么呢？

刘奶奶：我每天都会和老伴去散步，我身上戴个计步器，每天都要走 6000 步，多动动腿脚就方便了，不容易生病啦。

访谈者：那刘奶奶您身体可好？

刘奶奶：我以前得过癌症，已经治好了，现在有一点高血压。老伴有糖尿病。因为我是医生，一直控制他的饮食，现在他的各种血项都很正常。

访谈者：您的退休金够不够花？子女给您钱吗？

刘奶奶：够花，够花。我们不需要他们给我们钱，他们过好自己的生活就行。

访谈者：您有医疗保险吗？医药费高不高？

刘奶奶：有。我是医生，会照顾自己和老伴。我们万一生病了，单位也会给我们报销很大一部分，这个压力不大。

访谈者：您平时都是自己做饭吗？

刘奶奶：平时吃饭是在楼下的交大教职工食堂，自己不常做饭，教职工食堂饭菜味道还不错。偶尔自己想做饭的话，我们也会自己做一些想吃的菜。

访谈者：我看您家里很干净，您经常打扫卫生吗？

刘奶奶：不常打扫的，一周才拖一次地。腰不好使了，窗户也是找人来擦的。

访谈者：您喜欢旅游吗？您和老伴经常出去旅行吗？

刘奶奶：嗯，我们俩自己去过好多地方了。我和老伴上个月刚从兰州回来，就我们俩，带着自拍杆，自己拍好看的照片。平时没事做，我就和老伴出去旅旅游，因为退休以后也比较闲，趁着还能活动多出去转转，前一阵子还去了西安新开的昆明湖。

访谈者：刘奶奶，那你们社区的老年人福利好吗？

刘奶奶：社区里的管理人员每过几天都会给社区的老人打电话问候问候，主要是问问身体情况，看看我们是否健康。

访谈者：嗯，刘奶奶，我觉得这是一个很好的办法。因为有些空巢老人没人照顾，万一有紧急情况也好处理。您身边有独自居住的老人吗？

刘奶奶：有的，我们这栋楼楼上有一位老人，孩子去美国了，老伴也已经去世，他一直一个人生活。他年纪大了，日常起居和饮食都有些不方便，现在社区管理人员每天给他家打一个电话，没人接就上来看看。社区也经常给他送一些生活用品，还有衣物。

访谈者：这位老人也去教工食堂吃饭吗？

刘奶奶：嗯，不过他行动不方便，社区管理人员常常打饭给他送上来。

编号05——86岁，女，西迁老师，后勤主管退休干部

访谈对象情况简介：女，86岁，青岛人，退休前是交大后勤总务处处长。老人已婚丧偶，目前自己一个人住，生了四个儿子，儿子和孙子孙女们都在国外生活。老人在交大工作了40年，退休已有27年。

访谈地点：交大教工之家。

照片中老人正在接受访谈

具体访谈内容：

访谈者：奶奶，您最近身体状况怎么样？

刘奶奶：我身体很好，能吃能睡。

访谈者：您是自己住还是和家人一块住？

刘奶奶：我自己一个人住，四个儿子都在国外工作。我也是去年

从美国回来的。

访谈者：哦，您在美国待了多久啊？

刘奶奶：半年，只有半年。平时他们都上班，工作很忙。我就一个人在家里待着，养养鸟。他们养了一只会说话、会唱歌的鸟，让我解闷儿。

访谈者：那您平时跟周围的邻居常见面吗？常交流吗？

刘奶奶：没有。我出来时经常看不见人。

访谈者：您有孙辈了吧？他们都在干吗？

刘奶奶：有，孙子孙女都有，都在国外。所以，他们让我去美国，住他们那里。但我不喜欢。他们平时都忙，都要出去上班，就我一个人在家。我只能和家里一只会说话、唱歌的鸟玩，挺无聊的。

访谈者：您的子女在国外住的是什么房子？

刘奶奶：他们都是别墅之类的，都是有车库的，每家都有车库。

访谈者：您之前在交大是做什么工作的？

刘奶奶：我在交大的工作是负责后勤总务处工作，是总务处处长。

访谈者：您平时生活都是自己照顾自己吗？

刘奶奶：我还请了一个人，由她来照顾我。

访谈者：您在交大工作多久了？

刘奶奶：嗯……我退休都 27 年了，在交大工作了整整 40 年。

访谈者：您是西迁过来的老师吗？

刘奶奶：我是迁校时来的交大，从山东青岛分配过来的。

访谈者：退休之后，您感觉生活还幸福吗？

刘奶奶：挺好的。

访谈者：您的退休金够不够花？子女给您钱吗？

刘奶奶：够花，够花。他们给我，我都不要。

访谈者：您有医疗保险吗？医药费高不高？

刘奶奶：有，有。看病花不了多少钱。

访谈者：我看您身子骨还挺硬朗的，听力也挺好的。

刘奶奶：身体还可以。嘿嘿，耳朵好！

访谈者：您平时胃口呢？都不错吧？比如吃饭？

刘奶奶：我吃饭挺好的，睡觉也好，所以我也从来不去找医生看病。看病啊，检查啊，我很少去，因为医生他总会和你说一大堆话。

访谈者：您中午经常出来坐坐看看人，晒晒太阳吗？

刘奶奶：嗯，对对对。看看人、晒晒太阳嘛，也透透气。哎呀，老年人的生活，我觉得自己安排得还是挺不错的。关键是我耳朵能听得见。这个很重要，你要是听不见那就很难受，所以我说话还可以。

编号06——73岁，女，能动学院退休教授

访谈对象情况简介：女，73岁，上海人，能动学院低温制冷专业退休的老教授，在交大任教三十多年。生了两个孩子，女儿在美国，儿子在新加坡。老教授身体健康、性格开朗，喜欢打乒乓球和唱歌。

访谈地点：社区运动广场。

照片中老教授正在接受同学的访谈

具体访谈内容：

访谈者：老师，我看您身体还挺好的，是吧？

老奶奶：身体还行。没有什么本质上的问题，但是总归还是老了嘛，老眼昏花的，对不对？我有时候还会觉得头有点晕啊之类的。我们基本是早上把药吃好，然后就出来的，就是吃一些保健方面的药之类的。

访谈者：老师，您的退休金够不够花？

老奶奶：够花。我们倒不怎么担心钱的问题。

访谈者：您有医疗保险吗？学校组织体检吗？

老奶奶：有。学校会一年组织一次退休老师进行体检，我们看病学校也会报销的。

访谈者：您平时还有什么兴趣爱好吗？

老奶奶：打乒乓球。前天举办了重阳节的老年人活动，昨天还比赛乒乓球呢，有男女混打比赛。我参加了一个单打和一个女子双打比赛。

访谈者：那您的成绩怎么样啊？

老奶奶：还行。反正就是重在参与嘛。

访谈者：老师，您平时喜欢打乒乓球，有没有几个老姐妹经常在一起？

老奶奶：有！我们退休办就有乒乓球协会、麻将协会，唱歌的话还有一个合唱团。我们乒乓球协会平时也挺好的，有时还开个联欢会、表演个节目什么的。平时，我们关系好的几个老人还会找个理由一起出去吃个饭。有时，有老师过寿的话，我们就集体给他过个生日。

访谈者：老师，您除了打乒乓球，还有没有其他什么爱好？

老奶奶：平时喜欢唱唱歌。

访谈者：那您平时都是喜欢唱什么样的歌？是像红歌之类的吗？

老奶奶：平时就是喜欢看电视上的那个猜歌名（《开门大吉》）的节目啊。像一些老歌我们都清楚名字，但是一些新歌，就像什么汪峰唱的，我们就不知道了。

访谈者：老师，您退休之前是哪个学院的？

老奶奶：我是能动学院的，制冷专业的。

访谈者：您平时除了做一些运动外，还会使用这些新兴的手机软件不？什么微信之类的，您平时都接触吗？

老奶奶：平时使用微信比较多！微信的话，我一般用来聊聊天啊，有时看看新闻啊，还看看养老或者养生的知识。

访谈者：老师，您平时常和子女聊天吗？

老奶奶：当然聊天呀。我的两个孩子都在国外，都是交大上学毕业的。现在女儿是在美国，儿子是在新加坡。所以，他们有时间时跟我视频。有时就不打电话，就直接视频嘛。但是，他们每天也很忙，也很辛苦。

访谈者：那您的子女，像逢年过节的时候，都会回来看您吗？

老奶奶：有时候吧。毕竟都在国外，特别是像在美国，路太远了，回来不方便。以前，我年纪轻些的时候，我会去看他们。现在，我不怎么去了，都是他们回来看我。新加坡那个孩子，因为离得比较近，有时候，就像一年、半年的，我就会到他们那儿去一趟。美国的太远了，就是他们回来看我。

访谈者：老师，您是上海人。那您现在还回不回上海了？

老奶奶：原来我爸爸妈妈、弟弟妹妹都在上海，就我一个人在西安，我会回去看他们。后来，因为父母没了嘛，我现在就基本不怎么回去了。

访谈者：老师，您觉得现在的交大社区服务怎么样？

老奶奶：社区服务还行，但是相对比较的话，还是没有别的社区好。主要就是太乱了，可能他们现在也在整顿。说太乱主要就是交大社区里什么样的人都能进来。特别是年轻一点的教师，他们在外边都有房子，交大分的房子他们基本上就都租出去了。什么人都有，就比较乱了。还有因为电梯谁都能进，所以经常有人在我们家门口贴些小广告，乱的一塌糊涂。我之前给他们提过意见，他们现在好像也在整顿。

访谈者：老师，您觉得交大周边的设施怎么样？比如买菜、吃饭什么的，方便不？

老奶奶：最近教工食堂开了，很多老师都在那儿吃，挺方便的。不过，吃过一段时间也都吃腻了。我现在吃饭的话，基本上还是在家自己做。

访谈者：老师，您觉得附近的医疗设施怎么样？

老奶奶：这附近有一家医疗站，不过医疗水平不怎么样。如果是病比较重的话，就要到大医院看，像医学院是我们交大的，但是路很远。这附近有个武警医院，但是都说水平也不怎么好。第四军医大水平好，但是看病的人太多，挂号也挂不上。现在交大老龄化比较严重，你看社区里推轮椅的都比较多，养老是一个很大的问题。现在社区里，像我这样的老人很多，都是空巢老人。平时生病啦，子女也不在身边。在家里主要靠保姆，但是现在保姆也很贵啊，一个月大概要 4000 块钱呢，你还要管他吃、住。有的保姆对你好一点还挺好，有的保姆还对你不好。所以，年龄大了，养老就是个问题。

编号07——80岁，男，电信学院退休老教授

访谈对象情况简介：80 岁，男，电信学院退休老教授。交大西迁后的第一届本科生，电工器材制造系毕业，毕业后留校任教，在交大工作了一辈子。老人有两个孩子，一个在大连工作，一个在北京工作。老人平时喜欢打太极拳、看游记。

访谈地点：社区运动广场。

照片中老人正在接受访谈

具体访谈内容：

访谈者：爷爷好，您最近身体怎么样？

老爷爷：身体好像还可以。我就是糖耐量异常，老百姓叫餐后血糖高。但我好在哪里呢，我的空腹血糖含量是正常的。

访谈者：关于这个病，您有什么方法调控呢？

老爷爷：我不吃药。其实挺不容易的，我吃饭都是数着吃的，因为我是理工科的嘛，哈哈。我早晨锻炼吃几个红枣，吃几颗枸杞。我

六点钟吃，八点测血糖。如果血糖超过了，我就减少一点，减一颗枣，我再这么吃几天，然后看我的代谢能力再决定吃多少。

访谈者：您每天早上都锻炼身体吗？

老爷爷：每天都打太极拳。因为我这个人比较笨，上学的时候单杠双杠这些都不太行，就能走走路打打拳。我要打十几通拳，五六套剑。我 1984 年就开始打拳，那时候还没退休。我吃过晚饭就开始走路，一般都在学校操场上走。我的理念是锻炼身体要从现在开始做起。

访谈者：您对交大退休后的退休金满意吗？

老爷爷：这个不好回答呀，满意不满意的，每个人的满意度都不一样。我这个人要求比较低，能吃饱穿暖就够了，比较容易满足，知足常乐。

访谈者：您平时有什么兴趣爱好吗？

老爷爷：我喜欢看游记，看徐霞客游记。问其他人，台湾有什么景点，他们不知道，我都知道。

访谈者：您平时日常生活是什么样的？您怎样丰富自己的晚年生活呢？

老爷爷：我的晚年生活也不丰富。我这个人最不愿意让人伺候，我看到什么给人洗脚呀，我都难受。我其实也挺忙的，帮着带带孩子，里孙和外孙的。像我的孩子们，一个家在大连，一个家在北京。我去他们那儿，都是我早上起来买菜，买完菜，我还会锻炼一会儿再回去做饭，就这样，一上午就过去了。下午，我还要做饭。反正一天都挺充实的。

编号08——87岁，男，西迁老教授

访谈对象情况简介：男，87 岁，江苏南通人，老党员，交大西迁老教授。现在与老伴生活在一起，儿子已从交大退休。老人平时爱好跑步、打麻将、关心国家大事。

访谈地点：社区老年人活动中心。

照片中老人正在接受访谈

具体访谈内容：

访谈者：老师，我想问下您今年多大了？哪里人？

老教授：我今年 87 岁了，江苏南通人。

访谈者：那您是随着交大西迁过来的吗？

老教授：是。

访谈者：老师，看您这么有精气神，您平常喜欢锻炼身体吧？

老教授：对呀，我每天早上起来都要跑步，围着操场跑个几公里，大概一个多小时吧。

访谈者：那您身体应该很好吧，没什么疾病吧？

老教授：老了，身体总是有点毛病。前年得了白内障，做了手术，现在好了，其他方面还可以。

访谈者：您觉得退休前和退休后的生活哪个更好，您更喜欢哪种？

老教授：退休之后好一点，没有繁重的工作，自由，开心。

访谈者：那您现在每天都有什么日程安排呀？

老教授：早上起来锻炼身体，中午和老伴做做饭。我做饭不好吃，一般都是她做饭，我在旁边帮她打打下手、摘摘菜什么的。下午叫上几个好朋友到家里来打打麻将，晚上看看电视。

访谈者：那您现在喜欢吃米饭还是面食？

老教授：都喜欢，老伴做啥就吃啥。

访谈者：您的退休金够不够用？

老教授：够用够用。

访谈者：您有医疗保险吗？医药费高不高？能负担得起不？

老教授：有医疗报销。我平时医药花费不多。

访谈者：那您现在帮着带孙子吗？

老教授：呵呵，有这个任务。我现在带的不是第三代，是第四代了。

访谈者：哇，您都四世同堂啦！那您平时用手机吗？比如微信啥的。

老教授：用呀，都是孩子们教的。我总是记不住，还是有些功能没有玩过。反正微信能玩，哈哈哈！

访谈者：您一般用手机玩些什么呀？

老教授：看新闻呀，看电视剧呀，新闻联播每天不会错过，坚持看。这是从毛主席时代延续下来的习惯，要关心国家大事。

访谈者：那您平常喜欢看什么类型的新闻？

老教授：国际事件，国内大事，等等。

访谈者：最近不是刚召开了十九大吗？您关注了吗？

老教授：我天天看。从开幕式，到报告，闭幕式，天天都在看。我是个老党员，现在年纪大了，没有什么事情可以做了，但我还是关心国家大事。

访谈者：那您现在关注什么国家大事？

老教授：我现在最关注的是谁能领导我们中国走得更好，变得更加强大。

访谈者：那您逢年过节会和一些朋友同事聚会吗？

老教授：这个很少。一般都是和亲戚家人聚聚。

访谈者：那您孩子也是在交大教书的吗，现在还在教吗？

老教授：是的，现在他也已经退休了。

编号09——82岁，男，化工学院退休老教授

访谈对象情况简介：周老师，男，82 岁，湖南人，化工学院退休的老教授。周老师平时和老伴一起居住，两个子女，一个在国外工作生活，一个在外地工作生活。周老时平时爱好读书、看报和打太极拳。

访谈地点：交大老年人活动中心。

照片中周老师正在接受同学们的访谈

具体访谈内容：

访谈者：老师，您是西安本地人吗？

周老师：我老家是湖南的。

访谈者：您是从交大西迁就来（交大）的吗？您是交大毕业的吗？

周老师：我没经历过西迁，也不是交大毕业的。我一开始在企业工作，后来才来了交大当老师，是交大化工学院的教师。

访谈者：您家现在是多少人居住？子女在吗？和子女平常怎么联系？

周老师：我和老伴两个人在家，子女不在身边，一个在国外，一个在外地。不过他们会回来看我们。我们一般用电话和微信联系，有时也会用视频通话，毕竟都用智能手机了。

访谈者：您现在身体怎么样？平时锻炼身体吗？

周老师：现在感觉身体挺好的。平时就是走走路、散散步，没有刻意锻炼。

访谈者：您平常都有哪些活动安排？有什么爱好？

周老师：爱好就是读读书、看看报。有时候就出去活动，在街上转转。

访谈者：您平常参加什么社区活动吗？

周老师：我参加的社区活动就是早上起来打打太极拳。有时候，社区还会搞一些庆典活动，我会去看演出。对了，社区还有老年大学，不过，我没参加。

访谈者：您平时生活上有困难吗？比如洗衣服、买菜……

周老师：现在还没有。我的年龄还不算太大，还能自己解决。

编号10——75岁，男，退休高级工程师

访谈对象情况简介：男，75岁，山西人，大学学历，退休前为化工学院高级工程师、教授。育有二个女儿，老大在美国，老二在上海。老人和老伴一起生活，老伴也是交大的老师。老人平时喜欢看新闻、看书、打乒乓球，有时还会看外文书，还喜欢出去旅游。

访谈地点：交大老年活动中心。

照片中接受访谈的老教授与学生们合影

具体访谈内容：

老教授：你们都是交大哪个专业的？

访谈者：我们是化学专业的。

老教授：化学？那我们一样。我退休前是化工学院的，属于化工机械类。

访谈者：爷爷，您是陕西人还是哪里人？

老教授：不是，我是山西人。

访谈者：哦，离陕西还挺近的。您退休前是教授吗？

老教授：我主要是搞工程科研的，高级工程师、教授。

访谈者：您目前和谁一起住？

老教授：跟我老伴儿一起住。

访谈者：那您孩子的情况是？

老教授：我的两个孩子都不在西安。一个女儿在美国，她交大研究生毕业先去新加坡国立大学读博士，后来跟她对象一起去了美国。他们大概 2004 年去的，女婿在美国读了两个博士，毕业以后就在那儿工作了，女婿是搞石油化工的，女儿是学的统计专业，美国搞统计的很好找工作。

访谈者：那他们在国外多长时间回来一次啊？还是您过去呢？

老教授：我过去了两次，老伴去了三次，主要是她有小孩了，我们就帮她去带，他们在芝加哥生活。

访谈者：那你们多久聊一次啊？

老教授：有时候有个把星期能聊一次，用的是微信。

老教授：我家老二也是个女孩，她在上海，她也是交大研究生毕业。

访谈者：二女儿也是学的统计学吗？

老教授：不是，她学的是金融学，国际贸易专业。

访谈者：那这个专业刚好适合在上海那边发展。

老教授：上海嘛，最早是她找的单位不好，当会计师，工作很忙很累。后来干了几年之后，她跳槽到了外资银行。但是外资银行也很忙，经常加班。我还想让她回西安，她不回来，她说西安这边选择太少，机会太少。她一个人在外边也很累。

访谈者：那她没结婚吗？

老教授：她没有结婚。年龄也不小了，也没办法，接触到的合适的人太少啦！

访谈者：那她过年时都回家来看你们吗？

老教授：她每年都回。平常忙的也回不来，就是过春节几天假回来。

访谈者：那也挺好，一年能见一面。

老教授：一年，怎么说呢，就像牛郎会织女一样，见那么几天。我前几年也去上海想帮帮她，但是那边食宿消费都比咱这边高，待了两月，就回来了，不能长期待。尤其在冬季还必须回来，上海没暖气。

访谈者：您现在身体咋样？

老教授：身体还可以，也没有很大的问题。

访谈者：您喜欢现在退休的生活吗？

老教授：可以，很自由，生活也好了。现在不像我们过去那年代，没钱，物资短缺，精神层面也顾不上。现在好多了，你想吃什么都能办到，你想出去玩，只要有精力，也是可以的。不错！还不错！

访谈者：那现在您每天咋安排时间呢？

老教授：看电视，看报，看新闻，了解国家发展情况。我们还会出去转转，去旅游。老年人还是要多活动，老在家里待着不活动也不好。

访谈者：现在有没有什么事让您感到幸福快乐？

老教授：现在的社会大环境好，周边公园绿地也都不少。现在个人经济情况也好，感觉不错。我们赶上了这个时候，好时代，像我们的父辈，他们就没赶上。

访谈者：那您觉得您现在生活中遇到的困难有什么？

老教授：倒也没什么大困难。

访谈者：如果您的生活中遇到重要的事，会和家人商量吗？

老教授：会商量。首先我们老两口要商量，然后有些事情需要跟子女商量商量，也不是每件事情都和他们商量。

访谈者：您觉得你的女儿们是不是很孝顺？

老教授：还挺孝顺。像她们寄保健品，有时候还给我钱。

访谈者：您遇到像生病这样的困难时会给她们打电话吗？

老教授：一般小毛病就不告诉她们了，毕竟她们也忙，好多事情跟她们说了，也离得远还要担心。问题不大一般不会告诉她们。

访谈者：您平常有啥爱好吗？

老教授：看看书，出去运动，打打乒乓球。有时候我也喜欢打扑克。别的嘛，在家有时候看看外文书。以前学过一些外文，现在也会看看。

访谈者：那现在会看些科研类的文章吗？

老教授：科研类的不太多，主要是文学类的。大部分时间还是读报纸。

访谈者：您和原来的一些学生还有很多联系吗？

老教授：有，上海的有些，还有其他地方的，跟他们有联系。

访谈者：那一般您了解新闻或者读书时，会读纸质书籍还是会去上网浏览？

老教授：也会上网看，电视、网上，还有读报纸，大概就这么多了。

访谈者：那您平时会使用手机，比如像微信吗？

老教授：微信现在会用了，大概是从前年开始的。

访谈者：那您会发朋友圈吗？

老教授：朋友圈我暂时没学好，还发不了。

访谈者：那您会去浏览朋友圈吗？

老教授：浏览都会，发微信、视频、信息，这些都会。因为接触智能手机时间还是不长。

访谈者：您对新科技关心吗？都去接触吗？

老教授：我现在退休了，但看看电视、报纸里一些新科技也很惊奇，也常看。现在像机器人、无人机这些东西，前几年都还不行，这两年明显技术可以了。前几年，我同学买一个无人机，单旋桨的，就花五六千元，看起来还不错。

访谈者：现在什么大型活动都用到无人机拍摄。

老教授：对对对。还有一些技术，像高铁原来需要从德国、日本引进，现在国产技术发展得比他们还好，还不错。我对这些也感兴趣，有时候一些展览会我会去看看。

访谈者：那咱这个医保应该挺完善吧？

老教授：医保还可以！我有个慢性病支气管炎病，还可以享受慢性病补贴。

访谈者：是咱们学校给的吗？

老教授：是省医保。就是平常看个相关的病能报销百分之七十。

访谈者：那您平时经常会去锻炼吗？或者是散步？

老教授：会，我前几年还去学校的大操场晚上走走圈呢。这几年不太去了，但每天还坚持出来走走。

访谈者：那您应该没有抽烟喝酒这些习惯吧？

老教授：我没有。我年轻时候抽过一段时间烟，就是后来有这个气管炎，就不抽了。酒我也不太喝，我连啤酒都不喝，喝不惯。现在基本不吃烟酒。

访谈者：那您现在和老伴两个人在家，还能做饭吗？谁做饭呀？

老教授：现在我们都还能动，还没有到那种做不了的程度，暂时还能够自力更生。老伴比我小，主要是她做。

访谈者：那您平时会吃一些保健品吗？

老教授：吃，我吃的大部分保健品都是女儿从美国给我寄来的。美国寄来的有善存，还有硫酸软骨素，还有鱼油。在那边保健品价格便宜，我每天都在吃。

访谈者：那咱们学校给您的退休金是多少呢？够不够花？

老教授：我现在拿到手的大概是一个月六七千吧。我老伴大概有个五千多块钱。

访谈者：您老伴也是交大的吗？

老教授：也是交大的，能动学院的。我们一个月能有一万多块钱退休金吧。没有大的问题，这些钱基本上都能存下来了。

访谈者：像咱们交大一村二村给您这样的退休老年职工有啥特殊服务吗？比如免费理发之类的？

老教授：免费理发倒没有。就是交大同学们每个星期六会给大家解决手机、电脑的问题。还有医学院的同学来帮我们测测血压。

访谈者：咱们这个社区有没有卫生站啊？

老教授：有一个卫生站，是交大自己办的。但是它现在属于太乙路社区管了，就是这个范围内的居民都可以去看病，不过，主要还是我们学校的教职工，方便嘛。学校还会每年有一次体检。

访谈者：那国家给您有什么补助吗？

老教授：有一个年满七十周岁的老年补贴，这是国家的，每个月是五十块钱，一年六百块钱，还有就是乘公交的免费卡。

访谈者：您觉得社会上有没有给老年人足够的尊重和关心？

老教授：社会上现在蛮不错的，坐公交车年轻人都给我们让座，挺感动的。

访谈者：您觉得国家现在养老政策好吗？您还有什么建议？

老教授：我们这个楼大部分都是老年人，大多数八十多岁，有七十多岁的，还有九十的，还有一个一百岁的。但是，现在这个老年养老服务啊，像养老机构、养老院，还是相对少，一般的养老机构里边设施不怎么健全，而且服务也不是那么好。好的养老院费用又偏高，大概费用在一个月五六千块钱吧，一般的养老院也要两三千块钱。我去参观过养老院，办得好的很少，都是民营的。目前这是个大问题，现在老年人越来越多，像我这儿楼上空巢老人很多，有的就是孤寡老人嘛。国家要多办点好的养老院。我们也是，虽然没到八十岁，也面临这个问题。我现在想，自己能自理时还是要待在家里，一方面比较自由，另一方面自己想吃啥可以做，还有就是行动自由。进了养老院，年龄大了，一般都不让你出来，给人不舒服、不自由的感觉。

★★※※※※★★　访谈结果分析　★★※※※※★★

中国传统社会文化将老年人塑造成衰弱、迟钝、糊涂的形象，狭隘地放大了老年群体的依附性。从我们的访谈情况来看，高知老年人大多注重日常健康养护，积极参加社区活动，并能坚持长期锻炼身体，身体健康状况普遍较好。相对于其他群体的老人，这些高知老人们退休金更加丰裕，经济上较为独立，不需要子女予以经济资助。他们普遍办有医保，医疗负担不重。这些接受访谈的老人虽然大都是七八十岁的高龄，但基本上都能生活自理，不少还承担着家务劳动和看护孙辈的任务。

这些高知老人中空巢老人比例很高，大多子女不在身边，甚至不少子女在国外工作与生活。也有部分子女在西安工作，但是老人们还是选择与子女分开居住，独立养老。因而，这些高知老人更加看重和依赖于社区、退休办提供的养老和生活服务，更加渴望有一个较为舒适的社区养老环境。一方面，从现实情况来看，这些老人中的大多数已实现“老有所养、老有所医”的积极老龄化目标，另一方面，他们长期工作、生活在交大，已形成非常典型的熟人社会和熟人社区，他们在情感和行为上已经把养老的责任和期待寄托到社区养老上，积极参加社区和退休办组织的各项活动。因而，针对这一群体老人开展“互助式养老”，将是一种必要和重要的应对举措。

第六章　学而无涯——西安市高知老年群体“老有所学、老有所教”访谈实录

“老有所学、老有所教”是实现积极老龄化的重要目标，也是构建我国全民终身学习型社会的重要内容。高知老人步入退休生活后，需要面对社会角色变换、身体机能渐衰等转变。想要更从容地面对这些问题，就要获得继续前进的动力，最积极应对的策略就是加强老年人的学习。尤其是进入信息化时代，知识与技能更新更迅捷，这就更需要老年人坚持学习。对于高知老人而言，虽然他们已迈入晚年生活阶段，但热爱学习是这些老人的共有习惯。晚年坚持学习，以开放的心态接纳新知识和新事物，不仅可以增长知识，丰富老年生活，更能增进他们的身心健康，达到“老有所学、老有所教”的积极老龄化治理目标。

编号11——81岁，男，退休银行行长

访谈对象情况简介：男，81 岁，中共党员，河南人，退休前是某银行行长。和老伴还有子女一起居住，热爱书法，喜欢喝茶。

访谈地点：老人家中。

照片中老人在自家书桌前接受访谈

具体访谈内容：

访谈者：爷爷，您好！您喜欢退休生活吗？对目前的生活状况满意吗？

老爷爷：很满意。

访谈者：您能跟我们说一下您一天的生活安排吗？

老爷爷：我感觉到退休以后啊，我的生活是有规律的。我今年81岁了，1936年12月生人，1997年4月退休，退休整20年了。退下来以后啊，从自己思想上说，我想享受晚年生活，我过去喜欢书法，但是学习不系统，没有时间练习。退休以后，我就决心坚持练书法。这二十年，我每天早上4点起床，起床以后洗漱、刷牙、上卫生间。4点半呢，我就把电脑打开，看半小时新闻，然后，我就打开宣纸练习书法。一张宣纸4尺，我每天早上要写三张宣纸，我主要学赵孟頫、启功，还写小楷。一开始，我每天写30行小楷，但写下来太累，我后来就改成一天写22行，上午11行，下午再写11行，这规矩再没有变过。我写小楷有一个情况，就是我只要坐这儿写，这段时间是任何其他事情不干也不想，就集中精力35分钟内把它写完。早晨7点钟，我准时吃早饭。吃完早饭，我过马路走到小雁塔。小雁塔那边有几个老年人也都喜欢书法，我们就拿个笔在地上写，一直写到九点半，然后我回家吃饭，睡一会儿午觉。睡起来，下午的任务就是把11行小楷写完。我家人都不太爱看电视，但是新闻联播是必须看的，所以我晚上看完新闻联播就坐到电脑前再浏览一下新闻，8点半就睡觉了，我晚上睡得比较早。我感觉到，规律的生活确实对老年人很重要。

访谈者：您目前和谁一起居住？是和老伴还是与子女？

老爷爷：和老伴、子女居住。

访谈者：您觉得子女们在发展自己的事业方面让您满意吗？

老爷爷：很满意，基本不用自己操心。

访谈者：您对现在咱们国家老年人社会保障机制有什么看法？

老爷爷：第一，我感觉到现在咱们国家对老年人社会保障机制啊是逐步在健全，这方面我是深有体会的。从工资上说，这12年连涨了12年的工资。前几年都是每年10%的比例涨，去年是6%，今年是5.5%，但是不停地涨。我现在退休以后一个月工资8500元，我老伴拿4500元。我俩生活上吃穿能保障好。第二，我是在银行工作，以前是银行行长。退休后，医疗方面，除了国家定期每个月把工资5%打到医保卡上，一个月三四百元，还有银行系统发放的补助，医疗费用也很有保障。像我生病住院了，不用掏钱。当然，我也不愿意住院，只住过两次，但感觉这个医保系统搞得很好。现在，我总感觉到咱们国家呀党中央呀习主席呀都很好，就是说，想的事情想到老百姓心里了。像现在国家在农村搞脱贫，很重要呀。你们跑的地方少，我跑的地方多，我见过深山老林里的村民，那是真可怜！像陕南要搬迁几十万人，就是让村民从深山里往外搬。国家给他们盖房子，那房子很便宜。我认识一个小伙子，他说他只掏两万块钱，国家就分给他一套房。所以这方面，党和国家做得确实好。像现在国家对城市的贫困户基本上也托底了。再一个，国家现代化的进度确实快，我能感觉到。

访谈者：您说的没错。您看起来身体很健康呀！那您平常饮食一般会吃点啥？

老爷爷：就是家常饭，清淡一点。喝稀饭，吃馍。家里有杂粮，我们有时候蒸馒头也加点，我提倡多吃一点杂粮。

访谈者：爷爷，我见您桌子上有烟。年龄大了抽烟是不是对身体不好呀？

老爷爷：我现在一天给自己规定不超过五根烟。我现在也意识到了，但是戒不了，所以尽量少抽点。

访谈者：爷爷您喝酒不？

老爷爷：不，我不喝酒。我平常喜欢喝茶。

访谈者：您退休后帮子女带孩子吗？像接孩子上下学？

老爷爷：孙女孙子基本上都是我们两口子管的。孙女刚出生时，我老伴刚好退休，然后就全职管孙女了。

访谈者：家里的卫生是谁负责打扫呢？

老爷爷：我家有保姆，卫生就是我老伴协助她打扫，一星期打扫两次，星期二和星期五。我家那玻璃，一年也请人擦两次。

编号12——77岁，男，退休教授

访谈对象情况简介：男，77 岁，广东人，共产党员，能动学院退休的老教授，也是交大西迁后的第一批毕业生。现在与老伴生活在一起，儿子已从交大退休，孙女在深圳上大学。老人平时爱好锻炼身体、打太极拳。

访谈地点：社区广场舞中心。

照片中老人正在接受访谈

具体访谈内容：

访谈者：老师，您是哪个学院的？哪里人？

老教授：我是电信学院的，是广东人。

访谈者：您是什么时候来咱们学校的，是西迁之前还是西迁之后呢？

老教授：西迁啊，我 1956 年就来交大了，一直留到现在。去年不是迁校 60 周年嘛！

访谈者：那您任教将近 60 年了，是吗？

老教授：不是，我是 1956 年读大学，1960 年毕业的，毕业之后就在交大工作。

访谈者：那您跟咱们交大感情一定很深。您吃西安的面食习惯吗？

老教授：这个习惯不习惯也不好说。现在是什么吃的东西都有，没什么差别。但是 1970 年代以前，西安市一个人每月一斤大米，还要掺百分之三十的杂粮。但我们是南方迁来的嘛，老师们都不习惯吃馒头，而且大多数老师也不会擀面条，比较困难，当时就是这个条件嘛。现在好了，当时和现在差别大得很，我们就是这么过来的。

访谈者：您毕业之后就选择留在了交大，那您是怎么选择职业的呢？

老教授：我们那个时候就是听党的话，党的需要就是我们的志愿。那时候我是电机系的，我大学二年级的时候毛主席讲我们中国人要靠自己的力量造原子弹，因而，从我们这一届开始，交大、清华、北大、浙大都成立了工程物理系，我就成了这个专业的第一届学生。那时候进这个系要讲家庭成分，我们这个专业当时只挑了三个人，都要查三代，我成分好，家里三代贫农，又没有港台关系和海外关系，所以能被挑上是很光荣的。于是，我就去了工程物理系，学核物理，毕业后也就留校了。我们这一代人就是党要你干啥你就干啥。我这个人很单调，不像现在你们大学生对这个感兴趣、对那个感兴趣，我这人没有啥爱好，就是国家要我去学啥我就学好啥嘛。我学电机的又去学核物理，到后面又学固体物理，搞集成电路。就是我们这些老师啊，好多都是从 1958 年转行学起来的啊，交大核物理就是从 1958 年那时搞起来的。

访谈者：您不是学核物理专业吗？怎么还研究集成电路？

老教授：知识是相通的啊！交大第一个搞集成电路的老师也没学过集成电路，有这个学习基础，我就学得快，学校让我带头学，我就从头学起嘛。

访谈者：那像您那个时代的老师是不是都属于集大成者，就是什么专业都有所涉猎？

老教授：也可以这么说吧！不像你们现在，条件好，可以按照自己的填报志愿来，我们都没有什么选择的机会。不过，按照我的观点，不要太强调自己的爱好，国家需要你干啥你就去干嘛！对不对？我们军队有好多元帅也不是学打仗的，都是知识分子，党和国家需要了才学，才变成元帅的。所以，我的意思是，有爱好是好的，可以提高你的兴奋点、调整你的心情，但是，我们这一代人就是把国家的需要当

成我们的兴奋点进行学习。(笑)

访谈者：我觉得更多的还是一种奉献精神吧？

老教授：其实，这么说你都不一定相信，我这人没什么最爱的，但对什么都有点爱好，你要我学什么我都去学。比如说，我上大学的时候是学俄语的，等到20世纪60年代中苏关系紧张了，就改成学英语。从那个时候开始，我们就学着看英文文章了。那些日常的英语像“good morning”“bread”之类的，我们反倒是不太会。1978年，“四人帮”倒台，大家有机会出国了，我也是第一批出国的。那时候，我都四十多岁了，再去和青年学生一起学生活上的英语。不是有个《英语九百句》吗，我们主要是学这本书。你们看过那本书吗？

访谈者：有的，现在也有这个书，看过的。

老教授：再有，就是学《新概念英语》那本书。那里面不都是一个一个的小故事吗？其中一个故事说，有个人穿了个工装裤跑到商店里问人家橱窗里的衣服多少钱，人家不接待他，后来他穿了个裘皮大衣去，那个服务员对他很热情。当时，我看那个单词“windows”，我以为是实验室的观察窗，叫“windows”，但我就不知道商店的橱窗也叫“windows”。这就是这个语言在不同环境下用法不同，我们没有见过橱窗，所以不知道原来还有这个意思，我们联想不到。不像你们，可能观察窗你不知道，但商店橱窗你肯定知道。

访谈者：那您去国外留学待了几年呢？

老教授：那不是留学，是当访问学者。待了两年时间。

访谈者：您到哪个国家去了？

老教授：美国。那个时候挺不容易的，我们都四十多岁了，开始学英语，然后还要参加国家级的统一英语考试。真的，想想我们这一代人，也挺有意思的。

访谈者：就是，这经历比我们丰富多了。我们就是家长铺好路然后进大学读书、工作。

老教授：你们是太顺利了。所以，你们可能很难理解我们这一代人的经历。

访谈者：可以问一下您和老伴是怎么认识的吗？

老教授：(笑)那个穿红衣服跳舞的就是我老伴儿，她退休前是人事处的。现在是小区舞蹈队的队长。

访谈者：平时您参加社区里的什么活动啊？

老教授：我每天也锻炼身体，打太极拳。

访谈者：那您当年大学的时候是也学太极拳吗？我们现在在学校学太极拳还要考试，考二十四式。

老教授：我跟你讲，我们当年根本不像现在的人讲究养生。现在报纸上整天说要怎么吃饭、怎么讲营养。我们当时都没有，就是要全心全力地搞科研。那时候国家宣传什么呢？强调要"一不怕苦、二不怕死"。现在观念不一样啦！那时候，我们是理工科的老师，我们对我们的研究对象研究得很深，对我们自己却根本不了解，根本不知道怎么保护身体健康。

访谈者：那您现在身体状况怎么样？以前做实验，您有没有留下些老毛病？

老教授：这个不好说，没什么大毛病（笑）。那个时候，我们搞核物理的，因为核试验有放射性，国家给一个人一个月补助一斤糖，来给我们补充营养。只有我们系才有，别的系没有啊。(笑)那个时候，我们都很满足，我们比别人多了一斤糖，还是很高兴的。

访谈者：那现在您是和您妻子一起住吗？您的子女呢？

老教授：对，我俩住在一起。我儿子在外地，女儿在北京工作。

访谈者：那他们平时过年过节才回来看你们吗？

老教授：是的。我女儿是清华毕业的，她很忙。

访谈者：那当时您女儿上大学的时候，您是让她学她喜欢的专业还是当时国家稀缺的专业？

老教授：她选择自己喜欢的，我这个人还算很民主的。我女儿是清华建筑系的，她当时上大学的时候能考上清华的人不多，全陕西省一年就十几个人。她毕业后留到北京发展了。

访谈者：那您确实挺民主的。

老教授：我这人比较民主，包括子女找对象，我也是把意见提到，决策权在个人。

访谈者：老师，您退休之后主要干什么呀？

老教授：1999 年我退休时孙女刚好出生嘛，所以我一退休就照看孙女。看完孙女再看外孙，看孩子看了十七年，哈哈。我孙女都上深圳大学了。

访谈者：那您平时有啥爱好啊？

老教授：我打太极拳。（笑）也没啥特别的爱好，以前忙工作、忙孩子。现在也挺充实，早上起来买菜，回来做饭，中午睡觉，睡觉起来做饭。

访谈者：您的子女有什么大的事情要决定的时候，会征求您的意见吗？

老教授：会啊！包括找对象、找工作，我都是把意见提到，他们自己决定。就像我女儿找工作的时候，找了五六家，我当时就到北京去，挨个单位看怎么样，最后她定了一家。

访谈者：您现在通过一些什么渠道来了解时事和政治呢？

老教授：以前我主要看《参考消息》和《环球时报》，还有《南方周末》，我都买。不过现在都有网络了嘛，孩子给我买了一个 iPad，我现在报纸都不订了，上网看。

访谈者：社区的老人中像您这样孩子都不在西安的多吗？

老教授：交大这种空巢家庭多了。我们好多老师都把孩子送到美国、德国，子女都在国外。老人身体好还好说，身体不好就难说了。儿女平常往家打个电话，说“你要保重啊”，但父母在病床上躺着呢，儿女也回不来。所以说，这是个社会问题，确实有这个困难，交大这样的老师多得很。

访谈者：老师，您现在的退休金够您养老吗？

老教授：我们没有什么要求的，够花，够花！你看我身上这个衣服还是 1998 年买的，现在还挺好的。（笑）我们这代人当时都是国家需要什么就干什么。所以我希望大家不要说“留校钱少”这类的话，你看国家需要你在那里，是吧。每次提到“西迁精神”，我觉得那真的是我们那一代的精神，我们这个西迁大团队，真的是把西安的建设弄上去了。从国家发展战略来讲，真的是件好事啊！

编号13——80岁，男，退休行政老师

访谈对象情况简介：80 岁，男，退休前是交大的行政老师。现在和老伴还有儿子一起住。老爷爷乐观顽强，坚持锻炼身体。老爷爷爱好书法、写文章、下象棋，还会写打油诗。

访谈地点：交大教工之家。

照片中最中间的一位老人是接受访谈的老师

具体访谈内容：

访谈者：老师好，您原来是教什么的老师？

老爷爷：我是行政老师。

访谈者：我们想问一下您，您退休之后平常做些什么？

老爷爷：我是一个闲不住的人，唯一的爱好就是爱好书法，咱们这个学校的老年中心书法协会是我和一个博士导师共同创建起来的。

访谈者：您今年高寿啊？

老爷爷：今年八十了。

访谈者：那您现在经常锻炼身体吗？

老爷爷：锻炼啊，肯定要锻炼！我之前走楼梯摔了一跤，现在恢复了。但是还是要锻炼，现在我锻炼得可以自理生活了。

访谈者：那您现在和儿女住在一起吗？

老爷爷：对，以前是和老伴住在一起，现在是和儿女住在一起。老伴病了八年，我照顾了八年，而且还带病照顾了她一段时间。以前

我不会做饭，现在会包饺子、做面条、做臊子。我这个人一是乐观，二是顽强，现状就是这样。

访谈者：您有孙子孙女吗，需要照顾他们吗？

老爷爷：以前他们小时候需要抱，现在都大了，经常回来看看我就挺好的。病了之后，经过三年的锻炼，我把拐棍甩掉了，现在挺好的，能走路。不过，筷子用不成了，现在用勺子吃饭。筷子拿不了，好长一段时间字也写不了了。不过，我是个闲不住的人，写不了字，我就开始写文章。去年咱们学校校庆搞了个文集《杏林春晖》，咱学校不是有搞医学的吗？中医把这个叫杏林，你们知道这个典故吧，就是讲李时珍的事。我给写了一篇文章，这篇文章是在学校刊物上登的第三篇文章啦！我一共考证了三四次，还请人考证，很有意义的。我还有考证王羲之的一篇文章，是一篇千字文。

访谈者：看出来您特别喜欢这件事情。

老爷爷：我就是个闲不住的人！

访谈者：看您精神状况挺好的！我们还想问一下您生活的状态？

老爷爷：啊，我现在的生活很充实！书法是充实自己、锻炼自己，书法能延年益寿。这和气功有关系，你想，写书法是站起来的，不是趴在桌子上。现在我经过一段时间练习，虽然不敢说恢复了，但是可以很自信地说我能写字了。我还给医科大学上了两年课，教书法，我教书法非常受欢迎。我给你们讲个故事，当时那个学校还有个教颜体书法的老师，我研究的是草书，然后那个老师有事不能来，让我帮他带了一次课。这一次课我带得很成功，带完课之后，这些学员们非要让我教他们写书法。我说你们有老师，我可能也没有时间，但他们非要让我上。这说明啥？我讲课他们爱听。书法本来讲起来有点枯燥，但是他们喜欢，还让我给他们春节前做了一次学术报告，他们都听得很过瘾。他们的副院长亲自把我送过马路坐车，有意思的是他还要让我开春再给他们做一次讲座。开春之后，他又打电话说不做报告了，要我给他们代课呢。我现在的业余生活还是很充足的，不光是书法方面，我诗词方面也有研究，会写打油诗来丰富生活。

编号14——76岁，女，退休教授

访谈对象情况简介：女，76岁，上海人，大学本科学历。退休前是能动学院教授。爱好跳舞、打太极拳、旅游，关心政治。目前和老伴一起居住，女儿在上海，儿子在河南，平时自己照顾孙子。

访谈地点：交大老年人活动中心。

照片中为接受访谈的老教授

具体访谈内容：

访谈者：老师好，您退休多久了？

老教授：我2001年退休的，到现在17年了。

访谈者：您这一天有什么其他安排吗？

老教授：现在每天早上跳舞是固定的。以前我年轻的时候，不太爱运动。后来退休了，没啥事情干，而且身体也不太好，那就得锻炼身体了。开始的时候，我是打太极拳的，太极拳打了有十多年，后来为啥不打了呢？主要是我摔了个跟斗，粉碎性骨折，打太极拳都要蹲马步，我蹲不下去了。这个跳舞呢，它是站在那儿，跳得好或者跳不好都无所谓，主要是可以活动活动身体。跳舞还可以和别人说说笑笑，快乐一点。在家里，除了打扫卫生、烧烧饭，我还爱玩微信。整天看微信，看得眼睛都快坏了。

访谈者：好羡慕奶奶啊，我教我爷爷玩微信，怎么都教不会他。

老教授：我是关心政治的人，我现在特别喜欢看政治类的微信，一些政治类的公众号文章我几乎天天都看。很多老人很关心保健类的信息，我不太关心。我今年76岁了，呵呵，但我还是关心国家大事、国内外大事。

访谈者：那您跟我爷爷一样大。

老教授：嗯，你看我跟你爷爷一样大，我的孙子还没上大学呢。

访谈者：您孙子现在多大了？

老教授：我孙子18岁了，基本上都是我照顾孙子。因为孙子在西工大那里补习，他一个礼拜要回来一次，因为在那里吃得不太好，回来就要给他改善改善生活，给他洗一个礼拜的衣服。我女儿在上海，我儿子他们在河南，他们都不来，靠我自己照顾孙子。

访谈者：嗯，上海挺远的。

老教授：女儿在外资企业工作。外资企业比一般的国企工作要紧张得多，如果你做的不好，人家就不要你了。外资企业一个主要是看你的工作能力，另外还要看你的外语水平，因为你要跟外国人交流。我女儿英语还不错。

访谈者：您退休后喜欢干什么？

老教授：我很喜欢旅游的。但我家老头不肯旅游，因为他腿不好。今年，我本来办了护照，准备到俄罗斯去玩。因为我们66届的一帮同学在哈尔滨进行同学聚会，我们都是老头、老太太。聚完会，我说到哈尔滨离出境口岸很近了，我顺便出个国嘛，我就去俄罗斯玩一下。我什么手续都办好了，但是人家旅游团说70岁以上的老人要子女陪同，除了正常保险以外还要加买个意外保险，还要写个免责协议。我说我没有子女陪，他们都在上班，万一我身体不好出了什么事情，不要你们负责。他们就是不同意，没有办法，我也没去成。

访谈者：逢年过节，咱们社区会有什么活动吗？

老教授：我们社区的联欢会很少，但活动挺多的，像乒乓球比赛、台球比赛、麻将比赛之类的，我都不会，也没有参加。

访谈者：您现在养宠物或者养花之类的吗？

老教授：我养了好多花，养的像一个绿色森林，但不养宠物。

访谈者：那您退休之前是教什么的呢？

老教授：我是能动学院的老师。

访谈者：那您的学生平常回来看您吗？

老教授：平常学生看得多。前天吧，刚一起吃完饭。我带的最早的学生都退休了。他们都不错，比我强。我在热能教研室，我老头在锅炉教研室，我们的学生有在哈尔滨的，50 岁了，一个是董事长，一个是总经理，都很厉害。我有两个上海的学生，也是干得很出色，一个是上海锅炉厂副总裁，还有一个是总经理。

访谈者：那您和您爱人是大学同学吗？什么时候认识的呢？

老教授：我和我老伴是同学，我是交大毕业的，他也是交大毕业的。

访谈者：是同一个系吗？

老教授：同一班，我是南方人，我本来可以回上海的，为了他，我都牺牲了，留在西安了。

访谈者：我觉得那很浪漫。

老教授：那个时候，什么都不在乎，好像也没想过要什么东西。

访谈者：那平时您有什么不顺心的地方吗？

老教授：没什么不顺心的地方。现在退休了，退休了以后啥也挺好的。工作的时候吧，还有不顺心的地方，你看我们做教师的，评职称、提升，那你得努力吧，有点压力。退休后，现在啥压力也没有了。

访谈者：社区还有什么老年人的福利吗？

老教授：社区会给我们安排义诊，还有义工。他们来了，有时候一起聊聊。

编号15——78岁，男，退休教授

访谈对象情况简介：吴老师，男，78 岁，清华大学本科毕业后分配到交大当老师，退休前是能动学院热能学教授。吴老师与老伴一起生活，有一个儿子，在徐州高校当老师。吴老师特别喜欢做志愿者，擅长太极拳和跑步，也喜欢和老伴一起旅游。

访谈地点：交大老年人活动中心。

照片中吴老师与访谈学生们交流

具体访谈内容：

访谈者：吴老师，听说您太极拳打得特别好。我们最近要考试了，都觉得挺难的。您有什么诀窍吗？

吴老师：太极拳其实很容易的，很容易学。你们用三四个下午就能学会。

访谈者：不不不，其实对我们还是蛮有挑战性的，那个动作确实有些难做。那些套路要记得住才能比较连贯。

吴老师：对嘛，你们一般的话就学到二十四式。太极还有三十七式、五十四式，一般学到二十四式就蛮好的了。二十四式的动作都是精华，把八十四式里面比较好的动作揉合在一起了，对四肢、关节和筋骨都有充分的运动。像你们年轻人学得很快的，几个下午就学完了。我以前也学过，也就几天就学会了。

访谈者：咱们社区有没有像志愿者或义工之类的？

吴老师：志愿者嘛，我就是一个志愿者。退休生活嘛，我感觉做志愿者挺愉快的。你们和我聊天，我能跟你们互动一下，我就觉得蛮愉快的。要是在家的话，我不是上网就是看手机，不如到外面来活动活动，我很喜欢做志愿者。

访谈者：您有没有什么比较特殊的习惯，比如说饭后散步之类的？

吴老师：我每天早上都要出去走一走，差不多每天走一万步是没问题的。

访谈者：哇，一万步！好多啊！

吴老师：我手机上有那个计步器嘛，所以每天都能知道走了多少步，哈哈哈！

访谈者：那您身体一定倍儿棒！

吴老师：身体还可以吧。我以前喜欢跑步，原来年轻时就特别喜欢，尤其擅长长跑。像学校开运动会的时候，不管念书还是当老师的时候，我在学校里跑长跑，基本上不是第一就是第二。现在年龄过了六十以后，人家就说长跑不适合我了，所以我基本上跑的少了，但是走路是每天要走一万步的。

访谈者：看您的精神和身体状况，感觉和同龄人相比的话特别好。

吴老师：还行吧。

访谈者：那您对我们这些学生有没有什么学习上的建议？

吴老师：我觉得学生在学校里，不管对专业喜欢不喜欢，首先要把学习搞好，有精力的情况下再去学一些别的东西，多参加一些学校的活动，现在的话叫社团，我们以前叫兴趣小组。不管是什么，只不过名字不同罢了，你就多做一些这方面的活动。首先要把眼前的学习做好，有些人就说我现在学这个没用。知识没有没用的时候，可能暂时感觉到没用，但是以后就说不准有用了。有些东西是累积出来的，所以我说要先搞好学习，有精力你再做些其他的。现在也是社会比较开放，学的东西比较多，不像我们那会儿，上完学后分配工作就完了。你像我以前在学校上学的时候，我那会儿在清华念书，学校要求学计算机，那会儿根本没有计算机，没有计算机还是要学，硬着头皮也要学。现在的话，你看计算机不就很普遍了嘛，谁都会需要用到的，所以这就很难说的，有些知识就是这样子。学校里面实际就是给你们打基础，基础一定要打好，说起来这些道理你们都懂，但真正落实的时候往往就会有偏差。

访谈者：您刚才说您在清华念书，是什么机缘巧合让您来交大了？

吴老师：这个嘛，我是毕业以后分配到这里来的。所以说现在的学生比我们那会儿还要更辛苦一些，你们现在毕业后就得自己找工作，我们那会儿是毕业就有工作。我那会儿毕业，根据我的情况，学校说让我留校。留校对我来说，我对北京的气候不习惯，因为我是陕南人。

访谈者：那您是陕南哪儿的？

吴老师：汉中的。

访谈者：我是汉中洋县的。

吴老师：那咱们还是老乡啊，我一个小妹还在洋县工作，现在也退休了。

访谈者：我们每年五月份去西乡那个樱桃沟摘樱桃。

吴老师：西乡还可以，是个宜居城市，原来张飞就是西乡侯嘛。洋县很好的，洋县建设的很不错。

访谈者：咱们社区里面有没有社区医院，看病免费的？

吴老师：有。

访谈者：对退休老教师都有医疗上的保障吗？

吴老师：有，这都有的。

访谈者：吴老师，您在退休后还有没有搞科研？

吴老师：没退休的时候搞，退休后就没再弄过。

访谈者：您平时关注时政新闻吗？

吴老师：嗯，我平时看一看新闻联播。

访谈者：您有几个孩子？他们在哪里工作？

吴老师：我只有一个儿子，在徐州工作。

访谈者：您刚才说您儿子在徐州，他是只有过节的时候才回来看您吗？

吴老师：对，对，平时就基本上回不来了。

访谈者：您平时想孙女吗？

吴老师：想！现在不是有微信可以聊天嘛，视频看看她。

访谈者：您平时经常去徐州那边吗？

吴老师：这学期没去，上学期还一去就是半年。这学期孙女上幼儿园了，就不用我们管了。儿子、儿媳他们也都是大学老师，只要课不安排重叠，就可以错开看孩子，所以他们自己就可以带小孩了。

访谈者：您现在不用再想着照顾孙女了，那您有什么安排呢？

吴老师：不用了，我俩“解放”了。我们两个人现在就是过几天就出去旅游旅游，前一段时间还去了一趟重庆，从重庆过宜昌到三峡。现在看三峡，没有以前那个奇、险、峻、急了，现在只有秀了。从重庆到宜川这一段都是三峡水库库区，毛主席说过的“高峡出平湖”嘛，现在两边的山看到的都不高了，看不出原来的激流险滩了。船穿行的也很慢，走一段距离到岸上转转，比如白帝城、张飞庙、鬼城，到处去看一看，还有到那个神农架啊。

编号16——70岁，男，退休老教师

访谈对象情况简介：男，70 岁，退休的老教师。育有一儿一女，和老伴生活在一起，儿子出国了，女儿在西安。身体健康，不抽烟不喝酒。喜欢练字绘画，会打太极、腰鼓，还会使用手机上网、唱歌。

访谈地点：交大教工之家。

照片上是接受访谈的老师们在老年活动中心举办自己的书画展，最右边的这位是接受访谈的老师。

具体访谈内容：

访谈者：您目前和谁一块住？儿女有在身边的吗？

老爷爷：与老伴住在一起，有女儿在身边。

访谈者：您和老伴儿现在过得开心吗？

老爷爷：开心！没事儿就写写字画会儿画。

访谈者：您在老年人活动中心过得开心不？有事情做？

老爷爷：开心！大家爱好多了去了。写字的、画画的、唱歌的、剪纸的、下棋的、唱戏的，还有打麻将，干啥的都有。

访谈者：您的老年生活还是比较丰富的。

老爷爷：丰富，丰富！

访谈者：您有几个子女？孙子辈儿在身边吗？有没有帮忙带孙子？

老爷爷：我有一儿一女。儿子在国外，但每年过年都回来。女儿就在西安，每个星期会回来一趟。孙子六七岁了，由他妈妈照顾，不用我们带。

访谈者：您觉得子女们在发展自己的事业方面让您满意吗？

老爷爷：满意，他们都挺好。我对他们事业上其实要求也不高，主要是能经常回来看看我们就好。

访谈者：您觉得自己现在的身体怎样？平时锻炼身体吗？

老爷爷：好！很好！我最注意健康了，平时经常锻炼，快步走啊太极拳啊，还参加腰鼓队。

访谈者：您的日常生活主要由谁照顾？

老爷爷：不需要别人照顾，我不服老！

访谈者：我看感觉您也不老，也就六十出头，没想到七十岁了。

老爷爷：过得健康、舒心最主要！

访谈者：您会用电脑吗？还有手机，比如微信？

老爷爷：电脑会用但不用，我们现在又不处理那些文件，没手机方便。手机也用，功能会用得少一点，主要是搜东西啊，看个新闻什么的，有时候还用全民 K 歌。

访谈者：爷爷，您好潮啊，回头给您送花！

老爷爷：时代发展到这一步了，逼着我们适应。这都是年轻人教的，不会了就逮住问，年轻人也挺乐意教的。比方说，交大就有专门给我们解决如何使用智能手机的志愿者。

访谈者：您平时抽烟或者喝酒吗？

老爷爷：不抽烟，也不喝酒。

访谈者：逢年过节也不喝？

老爷爷：那就不叫喝酒，过节喝上一两杯，不算喝酒。喝酒利少弊多。

访谈者：平时服用保健品吗？

老爷爷：不用，没必要。

访谈者：您现在退休了，收入来源是不是就是退休金？退休金够平时花吗？

老爷爷：够用够用。钱这个东西，我们到老了以后，对这个很淡。多了多花，少了少花，也没有什么问题，我们觉得这个社会很好。

访谈者：您的生活费每个月大概是多少？一两千元够花吗？

老爷爷：够了！主要是吃饭，还有上医院，穿衣服也花不了多少。

访谈者：您有医疗保险吗？

老爷爷：有，现在医保都全覆盖了。农村都有，生病百分之七八十都能保，现在这个医疗制度还是不错的。

访谈者：您请保姆或钟点工吗？

老爷爷：没有，不需要，家务活我们自己都还能干。

访谈者：社区有没有给你们组织一些活动啊？比如组织春游呀？

老爷爷：没有。不敢组织，年纪大了怕出事儿。

访谈者：那有没有组织体检？

老爷爷：有，一年一次，退休办组织的。

访谈者：咱们社区里有医院吗？

老爷爷：有，医院蛮方便的。

访谈者：咱们社区有志愿者或者社工吗？

老爷爷：有。

访谈者：平时提供啥活动？

老爷爷：关怀活动。但他们能力有限，主要是给孤寡老人打打电话、帮帮忙啊。退休办平时把志愿者分成几组，一组负责这几个，一组负责那几个，这样的。

访谈者：您在这个社区里有朋友吗？朋友多吗？

老爷爷：大家都是朋友，都认识。

访谈者：假如您的儿子要买房，他会来找你咨询吗？跟你们商量。

老爷爷：肯定得商量，肯定得商量。

访谈者：他们都很尊重您吗？比如他有一个很大的决定，会来找你们取经？

老爷爷：会，孩子们都不错，都孝顺。

访谈者：您在决定个人问题的时候，会不会受到子女的干涉？

老爷爷：不会，不会，他们不干涉，基本不干涉。

访谈者：您兴趣爱好多吗？

老爷爷：多！写字画画，都喜欢。老年时间都用在这上面了。办画展活动，都要付出时间精力，这就是爱好。

访谈者：逢年过节时，您以前的单位同事或者学生会来看您吗？

老爷爷：会，学生会来，同事也会来，聊一聊，唠唠嗑，聚一聚。

访谈者：您觉得整个社会对老年人尊重吗？

老爷爷：谈不上尊重不尊重，大家平等的。我们也没觉得自己有多特殊，也不需要别人特别尊重特别对待。我觉得现在挺好的。

编号17——88岁，女，退休图书馆老师

访谈对象情况简介：女，88 岁，1985 年退休，退休前在交大图书馆工作，是最早随交大西迁来的一批老教师。老伴已去世，一个人居住，生活基本能够自理，能自己做饭。儿子在交大附中工作，女儿在深圳工作。平时爱好竞技麻将、看书，读《小说月报》，生活上觉得很满足。

访谈地点：交大老年人活动中心。

照片上的老人是我们采访中年龄最大的女老师

具体访谈内容：

访谈者：奶奶，您什么时候退休的？觉得退休生活幸福不？

老奶奶：我 1985 年就退休了，拿 52 块钱退休金，现在能够拿到近 6 千块钱，这个提高比例相当大。我的儿子、孙子一辈啊，也都工作得很好，也没有后顾之忧，我的生活上感到很满足。就是希望你们年轻一辈呢，给我们祖国带来更多的贡献，我们以后呢，就要享你们

的福了。

访谈者：奶奶您原来在咱们交大从事什么工作呀？

老奶奶：我在交大图书馆工作，一直干到退休。

访谈者：听说您现在还能自己做饭呢？感觉您精神头特别足。那您一天都是咋安排的？有啥活动？

老奶奶：我呢，没有什么爱好，就是爱好打竞技麻将，看看一些闲书、杂志啊、小说啊这些方面，呵呵。不像有些同志，他们有书画上的爱好，我就觉得，打个麻将，和大家一起玩玩呢，感到心情很舒畅。有人觉得打麻将是不好的行为，因为过去呢就觉得麻将是有一种关于输赢的赌博性行为，但是现在，我们打的中华竞技麻将啊，很能提高人的思维，它在打的过程中要不断计算，不像推倒胡那么容易，竞技麻将要算翻番，要考虑上下家怎么个情况，以及自己怎么能够达到自己的目的，在这些方面呢，和我们过去所了解的麻将就不一样。虽然我们中国是个麻将大国，但是在现在的国际麻将比赛当中呢，我们中国的名次并不靠前。不过，陕西、西安在全国竞技麻将当中是排名前列的。呵呵，你们不要见笑，我这个老人呢，过的就是最普通的生活。

访谈者：奶奶，看您平常生活挺丰富的啊，还在自己读书啊看报啊。那您现在还有没有学习一些新东西呀？

老奶奶：我现在主要是看《当代》杂志、看《小说月报》。因为有手机，我过去经常看手机上的一些文章，但是我嫌它比较前卫，不看了。我固定看的就是《小说月报》，现在年纪大了就买大字版。还有《当代》，它的有些文章我很欣赏，所以呢，这两个杂志我每个月都看。我还看《生活》《中篇小说选》。因为我原来在图书馆搞社科图书，不是科技图书，我的偏向也就在社科方面的书。

访谈者：奶奶，您喜欢听戏吗？

老奶奶：现在的歌对我来讲，我不太欣赏。（笑）我爱听老歌，所以有时候老人的习惯和你们确实有代沟，相差太大了。过去我爱听音乐，但是我觉得现在的音乐不优美，都是嘈杂的，而且呢，一些舞蹈动作有点喧宾夺主，舞蹈比他这个唱歌还要夸张，就更觉得不太优美，现在的舞蹈，我觉得太夸张了。不过，我一听到老歌就觉得很优美。

访谈者：奶奶，您女儿在深圳，孙子在美国。那平常要是孩子们想您了，或者说您想孩子们的话，那是打打电话呢，还是视频聊天啊？

老奶奶：我们每天都聊天，在手机上聊天。一般的话，像国庆啊、中秋节呀，我女儿女婿孙子他们都从深圳来。我呢，到冬天十一二月就到深圳去，第二年三四月份再回西安。

访谈者：那奶奶，平时我们社区里面有没有什么活动啊？

老奶奶：没有什么啊……（笑）。我这个年纪大了，只图一个自在。我现在的活动啊，范围不广。

访谈者：奶奶，听说学校组织你们去体检，社区是不是也组织你们去体检呀？

老奶奶：我们学校里，每年对我们老年人都有体检，每年都有。但是呢，我不是每年都参加。我觉得，日常生活里能吃得下、睡得着、大小便正常，就很不错了，不用经常体检。

访谈者：那奶奶，您觉得生活中有没有什么困难呢？比如家里米啊面啊这么重，搬东西搬不动啥的？

老奶奶：因为我儿子在交大附中，他住三村我住一村。每周都要过来，问问我生活上需要什么，而且我每个礼拜都有钟点工来，所以基本上不需要干重活儿。

编号18——75岁，女，退休高级教师

访谈对象情况简介：杜老师，女，75岁，湖北武汉人，本科学历，民进党党员。退休前为交大附中物理老师，职称为高级教师。与老伴一起居住，育有两个儿子，大儿子居于加拿大温哥华，从事计算机软件行业，儿媳妇从事财经工作，自己办了一家会计事务所，有个儿子；小儿子就职于西安供电局，为高级工程师，儿媳妇也从业于电业系统，有个女儿。杜老师帮大儿子带孙子带到六岁，现在帮小儿子带孙女。兴趣爱好是游泳、打麻将和打乒乓球。

访谈地点：交大老年人活动中心。

照片中杜老师正在接受访谈

具体访谈内容：

访谈者：老师好，请问您有几个孩子呀？

杜老师：我有两个儿子，现在大儿子在国外，一家都在加拿大，小儿子呢，在我身边，是咱们交大发电专业毕业的，现在西安供电局上班。温哥华是比较适合华人居住的一个地方，大儿子一家他们去了十几年，我大孙子今年在那儿上大学了，在温哥华一个和咱们交大差不多的学校上学，算是比较好的大学。

访谈者：您去过加拿大吗？经常给在加拿大的儿子打电话和视频吗？

杜老师：我去过加拿大三次。现在就是打电话，今年不是我那大孙子刚考完大学了吗，他们暑假回来了，他和他妈妈一起回来的。

访谈者：现在有手机视频沟通是不是很方便？您一般和加拿大的儿子视频一次多长时间啊？

杜老师：方便，视频可以，微信也可以。一般都是一个礼拜视频一次吧。现在有微信了，有啥事随时发微信。原来我那孙子是我一直带的嘛，他六岁到加拿大去，所以他和我感情很好。

访谈者：您小儿子或者儿媳经常会给您来做饭吗？

杜老师：他们一般不做饭。原来我孙女在这住的时候，他们一家晚上都在我这儿吃饭，吃完饭把孩子学习辅导完就走了。他们下班也很晚，一般回来时我们的饭就做得差不多了。但是我儿媳妇很懂事儿，一进门儿，先进厨房，会问："妈，还有啥要帮忙的？"我们关系比较融洽。她吃完饭就主动洗碗，都挺好的。我们这个家里反正关系都比较好。

访谈者：那现在呢？

杜老师：现在我孙女在交大附中上学，上初一。我儿子为了照顾好孙女，在交大三村租了一个房子住。我们现在管不了她了，小孩还是要让爸爸妈妈管。原来我们一直管她，从几个月她妈妈上班，我们就一直管，一直在我们这儿住，她跟爷爷感情特别好，她爷爷成天带她。

访谈者：现在孙女是不是也经常跑到您家来啊？

杜老师：孙女现在中午在我家吃饭，离学校近嘛，下午放学就回她家。我没有姑娘，就俩儿子。但我两个儿媳妇都挺好，特别好，媳妇相处好了跟闺女似的，有啥知心话也能和她们说。

访谈者：您对两个儿子的事业都满意吗？

杜老师：反正是，不是最拔尖的，但也差不多。我大儿子他在国外搞计算机软件的，他现在就是一边自己干一边给别人干，大儿媳妇是学财经的，她现在是个注册会计师，在国外开了一个会计事务所，也还可以。这个小儿子吗，他在供电局工作，现在也是教授级高级工程师，儿媳妇嘛，也是在电业系统，还可以。我挺知足的。

访谈者：那您现在和老伴儿关系特别好吧？

杜老师：对，我们是高中同学，高中同班同学，是咸阳二中的同学，咸阳二中是个重点中学，我们班上考上大学的有 20 个学生。然后上大学，他在交大，我在对面的理工大上学，原来叫陕工大，反正都是同学嘛。我们考上西安的同学现在很多还经常来往。我们是 1970 年结婚的。

访谈者：您有什么兴趣爱好吗？

杜老师：嗯，现在的兴趣爱好就是游泳、打麻将、打乒乓球。麻将是才学不久的，游泳是老早就喜欢去。

访谈者：您还有什么其他的日常活动吗？比如种种花、养养宠物？

杜老师：我不喜欢养宠物，但是家里有花，有很多花，主要是我家先生打理。他喜欢养花，主要是绿植。

访谈者：您参加的社会活动多吗？

杜老师：嗯，主要是以前的单位组织的，还有些是退休办组织的。

访谈者：您自己的学生会经常回来探望您吗？

杜老师：自己的学生，他们有时候会来，聚会呀。我教过的学生很多，有的学生我认不得他们，但他们认得我。

访谈者：您平时关注新闻吗？

杜老师：关注，我每天看新闻。我不太在手机上看，在电视上看。

访谈者：您平时锻炼身体不？

杜老师：锻炼。我现在的生活嘛，一个礼拜一般打两次麻将，然后在交大游两次泳。有时候天气好的早晨到兴庆公园玩一下，上午八点钟去，十点钟回来，回来差不多就该做午饭了。下雨天就在交大三村乒乓球活动室打会儿乒乓球（笑）。反正啥都能来一点，但是都不精，都是玩一玩，打麻将我也是退休以后才学的。游泳嘛，那是上大学的时候就会游的，我游泳很好的。

访谈者：您现在上下楼腿脚还很利索吗？

杜老师：上下楼腿不太好，但是还可以上。交大那个游泳池，在3楼，能上。我家在17楼有电梯。我现在膝盖不太好，但是还能走，还爱出去玩，经常出去逛。一年至少要两次出去旅游。现在，我们基本上的消费就是旅游消费大一点，其他也没啥消费。

访谈者：您平时的经济来源主要是什么？您有经济压力吗？

杜老师：退休金嘛！除了出去玩，其他花不了多少。吃不了多少，也穿不了多少。我们一件衣服能穿好几年，穿得整齐一点干净一点就行了。我没有什么经济压力，我们两个人工资也不低，一个月有6000多元，反正退休金也花不完。我那个小儿子说你们想干啥就干啥，想去玩就去玩。

访谈者：您平常会服用什么保健品之类的吗？

杜老师：我不相信那些东西。我现在就是自己吃看得见摸得着的，比如冬天吧，吃个核桃、枣、板栗、红薯啥的。我保健品吃得很少，就吃一个补钙的，我就是腿不好嘛。我儿子在加拿大给我买回来的。

访谈者：您会去加拿大那边玩吗？旅游吗？

杜老师：旅游嘛，我们也去温哥华。温哥华离美国很近嘛，我们都到美国去了好几次，美国好多地方我们都玩过，像夏威夷呀、黄石公园呀，都去过。

访谈者：您现在身体怎么样？爷爷身体怎么样？

杜老师：我们两个人很少生病，除了血脂稍微高一点点，我们基本上没有啥毛病。不过，我们都没吃药，自己调理。

访谈者：您有医疗保险吗？

杜老师：有医疗保险。我们自己医保卡上的钱都用来买药了。

访谈者：那您的手机是智能手机吗？

杜老师：我手机是智能手机，但是我不太会玩，我微信都是老伴交的。他是交大教授，他会玩，我不太会玩。

访谈者：您享受到退休办或社区的服务有哪些？

杜老师：那一般的服务都能享受到嘛。每个月退休办会举办一次活动，反正参加就给你发个小礼品。主要是让大家在一块玩一玩、说一说。今年我刚从加拿大回来，我们五个附中一起给老人过重阳节。每年重阳节，他们都把我们这些退休的老师组织起来搞一个活动，今年是让我们到交大创新港参观。

访谈者：社区会有免费体检吗？

杜老师：每年有体检。

访谈者：是社区的还是交大的？

杜老师：交大的。交大的退休办每年有体检。

访谈者：您有什么需求了会找社区或者退休办的人来帮忙吗？

杜老师：会的。你如果是家里有要修的什么东西呀，都可以找他们，他们会找人修的。

访谈者：您要是想看病的话，社区里有没有医院或者服务站啊？

杜老师：有一个，叫社区医院，其实是校医院在社区设的一个服务站。我的药都是在那儿开的。我上班的时候吧，眼睛不太好，爱发炎，我就去那儿开眼药。我很少去看病，关键是自己身体好了就啥都好。

访谈者：社区这边会有社工或者志愿者来吗？

杜老师：好像有啊，社区有志愿者。每个礼拜六会有大学生志愿者来，他们来教你用手机，来给你解决问题。

访谈者：是哪里的大学生？

杜老师：就是咱们交大的，每个礼拜都有来的，就在这里。他们好像每个礼拜六都来。

访谈者：您还需要政府给您提供什么经济帮助吗？您对我国的这些养老政策有啥意见或者建议？

杜老师：嗯，希望我们交大能办个居家养老的机构。具体来说，就是像一个养老院的机构，就在交大里边办一个。这样最好，居家养老嘛，这里的空巢老人非常多，这些老人的子女都在国外。你办一个楼，专供养老用，食堂再办得好一点。现在交大这个食堂办得比较好，所以我们有很多老人就在那里吃饭，就不用做饭啦。

访谈者：就是有些老人身体不太好，其实一个人做饭也蛮困难的吧？

杜老师：对，对！反正就是很多人都有这个希望，希望交大再办个养老院。

访谈者：您对现在的生活满意吗？

杜老师：很满足。

访谈者：您喜欢退休前的生活还是退休后的生活？

杜老师：当然是退休以后的生活啦。退休前的生活很累，我退休以前身体还没有现在的好。在 1984 年之前，我们都是夫妻分居的，我一个人带两个孩子在咸阳工作了 12 年，我家先生在三元中学当老师。后来恢复高考，那时候他考上研究生，毕业后分到西安。我还在咸阳，1984 年我们才调在一起，那以前一直是我一个人带两个小孩。1980 年代教师特别缺，我一周要带十八节课，相当于每天有三节课，还要当班主任，还带两个孩子，很累。我调来交大附中时，我那老二 10 岁，老大 12 岁，在这之前都是我一个人带他们两个。孩子们慢慢长大了，他们上学我也没操啥心，一个是交大毕业的、一个本科是西电的，然后研究生是在交大上的。

访谈者：您开心的时候就喜欢跟谁唠唠嗑？

杜老师：跟老伴分享，然后跟朋友们一起唱歌呀。

访谈者：那您觉得心情不好时，您怎么解决的？

杜老师：就出去转一转呗。反正心情不好的时候少，几乎没有。现在没有啥压力，孩子们也都比较听话，孙辈吧也比较好。

访谈者：您遇到困难或者生病了，会告诉儿子吗？

杜老师：会，给儿子打电话。我有一次摔跤了嘛，不太厉害，那天我就给我媳妇打电话说你早点回来做饭，他们俩都回来了，然后就把我送到医院去了。

访谈者：您社区里面的朋友多吗？

杜老师：多！我这个人比较合群，跟大家都能说得来。退休以后，我们附中几个女教师每个月聚一回，出去玩，到近处玩，然后呢，一起吃顿饭，大家在一块儿说说话。我们都是老教师，AA 制，大家谁也不欠谁人情，都挺好的。我们这个麻将协会、乒乓球协会有时候也组织活动，有时候组织一块出去玩，有时候一起打麻将。

访谈者：您现在最希望得到哪些方面的尊重？比如说，社会的关心重视啊，子女的理解啦，还有老伴的理解啦，或者是原单位的支持和理解？

杜老师：那你各方面都需要得到尊重嘛。我觉得原单位对我们这些老人的尊重是最重要的。像组织重阳节这个活动，我们就感到很高兴。因为，这表示你在这儿干了一辈子人家还没忘记你。像我们这些人都是附中的元老啦，附中才成立的时候，我们就都来了啊。我们对社会没啥不满意的，都好着呢。

编号19——72岁，女，退休的财务老师

访谈对象情况简介：女，72 岁，福建人，本科学历，退休前为交大财务处老师。育有两个儿子，大儿子博士毕业后在天津高校任教，二儿子研究生毕业后在交大任教。现在与老伴、小儿子和孙子一起居住，老伴也是交大老师。平常爱好跳舞、弹钢琴。

访谈地点：交大广场舞活动场。

照片中老人正在接受访谈

具体访谈内容：

访谈者：老师好，您目前和谁一起居住？

老奶奶：老伴、儿子和孙子。

访谈者：您有几个子女呀？他们在哪里工作居住？婚姻状况如何呢？

老奶奶：我有两个儿子。大儿子博士后之后在天津高校任教，二儿子研究生毕业后在交大任教。他们都已经结婚啦，儿媳妇也是在高校任教。

访谈者：您觉得自己现在的身体状况怎样？平时锻炼身体吗？

老奶奶：身体不错。但有二三十年的高血压，需要吃药控制。每天早上八点到九点，我都会出来活动，大家四五十个人，一起跳广场舞、健身操。

访谈者：您现在是自己做饭吗？平常家务都是谁做呀？

老奶奶：平时我们家都是自己做饭。偶尔买饭，是去教职工餐厅，那里买饭能打九折。我家务劳动没问题，儿子有时也会帮帮忙。

访谈者：您会不会使用电脑或者手机视频聊天？

老奶奶：我都会。这都是我自己学的，我手机上有同学群和舞蹈群。但还没有学会用微信支付。

访谈者：您有经济上的压力吗？

老奶奶：没有压力，退休金够用。

访谈者：您有医疗保险吗？您每个月看病、吃药需要多少钱？您生病时子女是否会出钱给您看病？

老奶奶：我有医疗保险。一个月看病花一百来块钱吧。平时买药不报销，只有大病单位才给报销。我的钱足够了，不需要子女出钱。

访谈者：您退休后享受到的社区服务有哪些呀？

老奶奶：棋牌室，教工之家，我还参加了夕阳红舞蹈队。

访谈者：您参加过退休办举办的各种活动或比赛吗？感觉如何？

老奶奶：我参加了麻将、弹球之类的比赛，比赛完会有小奖品。我感觉在活动中结识朋友更重要。

访谈者：咱们社区有组织什么活动吗？有志愿者吗？

老奶奶：社区很重视政治学习，经常搞培训。社区没有志愿者，交大学生会有这类机构，会有大学生来志愿为老人们服务。

访谈者：您是否需要政府给您提供经济帮助？您对国家的养老政策有什么意见或建议？

老奶奶：不需要。我觉得国家老有所养问题应该解决得更好一些。目前，私立的养老机构太多了，希望国家能够多投资些养老院。我还是希望在交大有养老机构。交大孤寡老人很多，很多子女不在身边，这样“抱团养老”会比较好。

访谈者：您退休后有烦恼或者苦闷、孤独的时候吗？

老奶奶：有，但我会调整情绪，很快就会好。

访谈者：您觉得您的子女孝顺吗？当您有困难或者生病时，您会告诉他们吗？

老奶奶：和子女交流较少。他们工作忙，还要照顾自己的孩子，所以，我一般自己解决。

访谈者：您觉得子女们在发展自己的事业方面让您满意吗？

老奶奶：还行。

访谈者：您在本社区内的朋友多吗？您有一帮老朋友吗？会一起出去玩或者吃饭、旅游吗？

老奶奶：我有好朋友，还有舞蹈的微信群。我们现在一年一次大学同学聚会，大家轮流做东，平常都是AA制，AA制可以维持友谊。

一次聚会不超过 10 天，我们会一起吃饭、旅游、出去玩。

访谈者：您有哪些兴趣爱好？现在还在坚持吗？

老奶奶：一个礼拜一次在老年大学上钢琴课，上了四年了。

访谈者：您退休后参加的活动有什么呢？

老奶奶：我参加老年大学，还参加按摩、绘画、书法、声乐、葫芦丝、摄影、钢琴、电子琴等活动。挺丰富的！

编号20——60岁，女，退休老师

访谈对象情况简介：孙老师，60 岁，河北人，共产党员，退休前是人文学院老师。孙老师现在和老伴一起生活，有一个独生女，女儿、女婿都在西安本地工作。孙老师身体健康，积极参加社区组织的各种活动，喜欢跳舞、唱歌、旅游。孙老师退休后也坚持学习，还会和以前的一些同事合作写论文。

访谈地点：交大广场舞活动广场。

照片中孙老师与访谈的学生们合影

具体访谈内容：

访谈者：您今年多大年龄呀？

孙老师：我六十岁了。

访谈者：哇，您看着好年轻，真的，我以为您五十岁呢。

孙老师：呵呵，谢谢谢谢。

访谈者：我觉得您性格特别好，特别开朗。您是哪里人？

孙老师：我籍贯是河北的。不过，我父母都是交大老师，他们是河北人，我随着父母迁入西安，就一直在西安生活。

访谈者：您现在和谁一起居住？

孙老师：我和老伴一起住。

访谈者：您退休前的单位是？

孙老师：交大人文学院，我是负责办公室行政工作的。

访谈者：您有几个孩子？在西安工作吗？

孙老师：我有一个女儿。女儿大学毕业后在高新区一家石油企业工作，我们一家人都在西安。

访谈者：那女儿经常回来看您吗？你们关系如何？您会帮着看孙子吗？

孙老师：我和女儿关系很好。我和我老公对自己的老人很孝顺，女儿和女婿也向我们学习，对我们也很孝顺，她们一周会来探望我们一次。女婿家的老人也在西安生活，周末时，女儿女婿会去我们两家探望。我们两家人也经常聚在一起吃饭，挺热闹的。不过，平时女儿女婿两人工作都很忙，所以主要是靠我们给她带孩子。

访谈者：您退休后的生活怎么安排的？

孙老师：我刚一退休，女儿就生下孩子了，所以这两年我主要帮着带孙子。今年，孙子上幼儿园了，我就能出来运动运动，锻炼锻炼身体，跳跳舞。

访谈者：您喜欢参加什么活动？

孙老师：我喜欢跳舞。我上班的时候，跳舞是在学校获过奖的。

访谈者：您现在身体怎么样？退休后您怎么安排生活？

孙老师：我身体挺好的。我每天都会抽时间锻炼一下，打打乒乓球、羽毛球。学校组织的退休职工乒乓球比赛，我也会报名参加。我还加入了舞蹈队，在节日的时候表演表演，我还拿了奖。

访谈者：您有没有请保姆？你们家的家务劳动主要由谁承担？

孙老师：我现在生活自理完全没有问题。我们家没有请保姆，我现在年龄还不是很大，很多事都可以自己完成。再说，我觉得做做家务还可以锻炼身体。等我老了不能照顾自己的时候，我和老伴会去养老院生活。孩子们有自己的工作、自己的事业要忙，我不想给女儿带来牵累。

访谈者：您现在会不会用电脑或者手机视频聊天？

孙老师：这些功能我都会用。因为我退休之前是做行政工作的，很多地方也需要用到电脑，所以我还是比较熟悉电脑。手机当然也没有问题，我们现在家人和亲戚之间的聊天就主要靠微信。现在信息化时代，变化太快了，我有不懂的地方就会问女儿，多学习学习！

访谈者：您是否有喝酒抽烟的习惯？是否服用保健品？

孙老师：我不抽烟喝酒，也不服用保健品，我觉得锻炼身体才是最好的保健品。

访谈者：您喜欢退休生活吗？对目前的生活状况满意吗？

孙老师：觉得目前的生活挺好的，每天也有很多事情要做。

访谈者：您有烦恼的时候吗？当您心情不好时会找谁聊天？

孙老师：我本身挺喜欢参加活动的，也没有什么焦虑的事。有不开心的时候，我就参加参加活动解解闷，有烦恼也能消化掉，不会一个人在家闷闷地想问题。

访谈者：您认为您目前最大的困难是什么？您首先想到能给您提供帮助的对象是谁？

孙老师：现在生活也挺好的，没有什么大困难。我要是真的遇到困难，也会和子女沟通商量。

访谈者：您在本社区中的朋友多吗？会一起出去玩或者吃饭、旅游吗？

孙老师：我社区里的朋友不是很多。不过，我一般都是跟家人来往，我们家人关系都很好。我偶尔也会和熟识的同事一起相约旅游旅游，退休也不无聊。

访谈者：您有哪些兴趣爱好？您的日常活动主要有什么？

孙老师：我坚持锻炼身体，打乒乓球，羽毛球，还有跳舞、唱歌，我都参加。老年人一定要多锻炼，既身体好又能保持心情愉快。

访谈者：您希望怎样丰富您的晚年生活？

孙老师：没有孙子之前，我们家都会定期出去旅行。现在带了孙子，就不怎么出去了。等将来孙子长大了一点，我也想出去看看，特别是能多出国旅游，想感受一下异国风光。

访谈者：您退休后是否继续做研究？培养学生？

孙老师：我现在偶尔没事的时候，下午会去交大转一圈，因为还有很多老师是认识的，还是会去看一下他们。这几年交大其实变化挺大的，好多领导都换了，学院新一辈的老师们也很优秀，都是青年才俊。我现在虽然已经退休了，但还会跟其他三两个老师，我们一起写论文、发表些论文。

访谈者：您平时是否关注新闻和社会舆论？如果有，您是从什么渠道获取的？

孙老师：我有时间会看看报纸。在孙子不在家的时候，就会打开电视看看新闻什么的。

访谈者：您是否会学习新知识、工具？

孙老师：当然会。现在社会发展太快了。我现在还保持良好的阅读习惯，多看看书，及时补充补充自己的知识，不能让自己落后于时代太多啦。

访谈者：您觉得子女们在发展自己的事业方面让您满意吗？

孙老师：满意着呢，都挺上进的。

访谈者：您对自己经济条件的评价如何？您有经济压力吗？主要来自哪些方面？

孙老师：我觉得现在的经济情况挺好的，很满足，也没有什么压力。

访谈者：您的退休金有多少？是否够花？需要子女给予您经济支持吗？

孙老师：我现在每月大概有 5000 多元的退休金，孩子也工作了，加上老伴的钱，生活没有压力，也没有什么经济负担。

访谈者：您有医疗保险吗？您每个月看病、吃药需要多少钱？是自己出还是单位出？觉得看病的经济负担重吗？您生病时子女是否会出钱给您看病？

孙老师：有医疗保险。不过，医疗福利很少，一年只有一两千元。我还买了一些社会保险。医保看病只能报销 70%，其余 30% 要自己承担。看一万块的病，要自己出三千，其实还是挺多的。如果自己平时看点小病、买点药吃，医保还可以，但要是生了大病，就有点困难。希望政府能加大医保方面的补助，尤其是对于上了年纪的老人，多多少少都会有些病痛，医保对我们来说很重要的。

访谈者：目前，您享受到的退休办或社区服务有哪些？

孙老师：社区、退休办逢年过节会发放礼品，但对象多是70岁以上的老人，刚退休的不在补助范围内。

访谈者：您参加过退休办或社区举办的各种活动或比赛吗？获奖了吗？感觉如何？

孙老师：社区组织活动组织挺多的，我经常参加社区组织的比赛。"教工之家"有很多退休老师，大家可以一起玩，打乒乓球、跳舞之类的，还有瑜伽，挺好的。

访谈者：咱们社区有志愿者吗？他们都提供什么生活服务？

孙老师：社区里有时候会有大学生志愿者到老师们家里帮忙做做家务，打扫一下卫生。老师们都挺欣慰的，还会留他们吃个饭。老年人挺喜欢这些志愿者的陪伴，多和年轻人聊天才能让我们保持活力，越活越年轻。

访谈者：您是否需要政府给您提供帮助？您对国家的养老政策有什么意见吗？

孙老师：呵呵，这个没有想过。国家给多少就是多少，我对国家相关政策措施还是很信任的。

★★※※※※★★ 访谈结果分析 ★★※※※※★★

从上述的访谈中，我们可以看到，这些高知老人们虽然已经退休，但都有很强的求知欲。不少退休老人坚持每天读书看报、了解国内外大事，甚至热衷于网络学习。他们主动学习与接纳新事物、新知识，积极参加唱歌、跳舞、竞技麻将、乒乓球赛等活动，擅长书法、绘画、音乐、舞蹈……这种积极学习的心态让他们晚年在学习与欢乐中度过。这样的"老有所学""老有所教"使他们拥有更加积极乐观的心态，也让他们拥有更加充实与丰富的晚年生活，做到了"乐享晚年"的积极养老目标。这为中国践行积极老龄化提供了重要启示，党和政府要增加老年人学习的机会、拓宽老年人参加学习的渠道，通过构建终身学习型社会来建设一个更加和谐美好的老龄化社会。

第七章　乐享生活——西安市高知老年群体“老有所爱、老有所乐”访谈实录

2019年，我国老年人口已达2.5亿人。随着我国老龄化程度不断加剧，养老不只是家庭问题，已经演变成社会性问题。如何更好地解决养老问题，使每位老人都能安度晚年，成为当下的紧迫需要。习近平总书记在2019年春节团拜会上饱含深情地说：“让老年人老有所养、老有所依、老有所乐、老有所安，关系社会和谐稳定。我们要在全社会大力提倡尊敬老人、关爱老人、赡养老人，大力发展老龄事业，让所有老年人都能有一个幸福美满的晚年。”[1]“老有所爱、老有所乐”是积极老龄化的重要追求，“乐享生活”是高质量晚年生活的重要标志。“老有所爱”与“老有所乐”是相互影响的关系，“老有所爱”往往是“老有所乐”的重要基础，“老有所乐”又会促进“老有所爱”的坚守，老年人的兴趣爱好实际上已成为他们晚年生活乐趣与成就感的重要来源。本章从这些高知老人访谈中也深深感受到，绘画、书法、唱歌等多元化的兴趣爱好使这些老人的晚年生活有了丰富的、实质化的内容，积极参与活动也让他们实现了“老有所爱、老有所乐”的积极老龄化目标，并保持了积极健康、平和恬静的良好晚年心态。

编号21——69岁，女，退休材料学院老师

访谈对象情况简介：邓老师，女，69岁，吉林人，吉林大学本科毕业，政治面貌群众，无宗教信仰。退休前为材料学院老师，研究方向为材料学方向。目前与老伴一起生活，老伴多年担任校领导、博士生导师，有一个儿子，儿子交大博士毕业，现在深圳市委工作。邓老师身体健康，注重锻炼，平时喜欢跳舞、旅游，积极参加社区活动。

---

[1] 习近平：《在二〇一九年春节团拜会上的讲话》，《人民日报》2019年2月4日第1版。

访谈地点：交大广场舞活动广场。

邓老师近照

具体访谈内容：

访谈者：邓老师好，我们想先来了解一下您家里的情况，方便吗？

邓老师：好的，我和我爱人都是咱们学校的，他现在退休了，但还有几个博士生在读，平时还得在学校带他们，很忙。我就是锻炼身体，跳跳舞，读书看报。

访谈者：除了跳舞，您还有别的兴趣爱好吗？比如养花养宠物什么的。

邓老师：我不喜欢养猫呀狗呀什么的。我小时候养过一只狗，但是后来去世了，我特别痛苦，就一直哭。我记住了这件事情，以后就再也不养了。在老家还有一片地，回家住的时候也去种种菜，那个地方环境特别好，县级市污染少，人也朴实。我兴趣不多，但是每天很开心，所以身体也还挺好。

访谈者：那您还想再怎么丰富一下自己的退休生活呢？

邓老师：啊，也不用怎么丰富了！我们年纪也大了，和你们不一样，精力有限，我这生活安排得差不多了，如果安排太多，也累。我现在就是每天八点到九点在这块锻炼，跳跳舞，心情就很好，大家还能一起交流。下午，有时间我们也约着出去玩一玩。我觉得不能太多，太多受不了。

访谈者：您平时关注时事新闻吗？

邓老师：我平常也关注新闻，看看海峡两岸、凤凰新闻、新闻三十分、法律在线。电视剧也看看，看到喜欢的就多看，其他的一般不看，主要是眼睛不行呀。

访谈者：那您有几个孩子？

邓老师：一个，也是咱交大毕业的博士生。他毕业以后考上公务员，现在深圳工作。家里现在就我和老伴两个人，我俩有时候出去旅游，有时去儿子那里，有时回我们老家东北。夏天都会回东北，那边比较凉快。（笑）

访谈者：您觉得儿子在发展自己的事业方面让您满意吗？

邓老师：嗯，他自己的事自己管好就行了。他有他的想法，我们也有自己的想法，我们当爸妈的也不会过问太多，毕竟都这么大了嘛！

访谈者：那您儿子平时多久回来看你们一次？

邓老师：他一般一年两次，我们也会去。这个都不是问题，现在飞机也方便，电话也方便。

访谈者：那您现在感觉和儿子谈的共同话题多吗？

邓老师：我们儿子比较孝顺，他也知道父母疼他，但他有好多事情。我那天就感觉到了，我们说的那个代沟，就像挖一条沟，你从这边挖他从那边挖，还沟通不了。有些话，我是这么想的，可他是那样想的，所以，我现在吧，就是点到为止。

访谈者：那你们聊天是电话还是微信？

邓老师：微信。

访谈者：您喜欢退休生活吗，感觉满意吗？

邓老师：我们这些人跟你们这辈不太一样，我们经历过苦难，我们这辈的人都很容易满意也很知足，都说知足常乐嘛，所以，我们的心情都不错。因为，你看有些老师退休金和外面的工人一比，我们拿五千多外面拿两千多，他能不高兴吗？

访谈者：您平时心情愉快的时候多呢？还是烦恼的时候多呢？

邓老师：虽然过去都说心情不如意十之八九，但我好像高兴的时候挺多的。

访谈者：一般哪些事情能让您觉得高兴呢？

邓老师：我们现在这个年龄最大的需求是居住环境，就希望环境好。我一个亲戚最近买了一个房子，小区外面看起来挺乱的，但是一走进去，马上就有一种静的感觉。不知道别人有没有我这种想法，我只要到一个静的环境，我就觉得很开心。现在小区有这一片绿地还不错，但总体大环境不好，里里外外都是车，宛如在停车场生活一样，生活环境不好。

访谈者：您平时碰到开心事时会选择和谁分享呢?

邓老师：和老伴、同事，还有一起跳舞的朋友，有时还会发微信告诉儿子。

访谈者：那您和一家人一起出去旅游的次数多吗？

邓老师：不太多。儿子在深圳，工作忙，回家也是过年过节的时候。像一般的节假日，比如国庆节、五一节，我一般都和老伴出去逛逛。平常周末里，我就跳跳舞，和老伴去公园、植物园逛逛。那里环境好，清净。我不太喜欢人多的地方。

访谈者：如果孩子有重大事情要决定，他会征求您的意见吗?

邓老师：会的，会跟我商量一下。但我都尊重他的决定。孩子大了，有自己的主张和想法，我就不太干涉了。

访谈者：逢年过节的时候，您以前的单位同事或者学生会来看您吗?

邓老师：单位的话，前几年倒有同事互相来往，但这几年大家见的次数少了。学生的话，以前能聚一聚，但现在也不常有了。我是吉林大学毕业，我的同学他们都在外面，不在西安，工作也忙，所以大家聚的时间也特别少。不过，我都还有他们微信的联系方式，有时候会在网上聊聊天什么的。但我老伴因为还在带研究生、博士生，所以和学生团聚的机会比较多。

访谈者：邓老师，您身体状况怎么样，经常锻炼吗?

邓老师：身体好着呢！我明年就七十周岁了。但是，我现在眼睛不太好，原因是来交大后搞扫描电镜，那个设备很金贵，一般不让学生操作，让老师负责，结果把眼睛给弄坏了。

访谈者：那您眼睛视力现在怎么样?

邓老师：看你们能看得清！最近一两年还得做手术。反正，我现在感到人的身体好坏，心情起很重要的作用。

访谈者：您是每天早上都来这儿跳舞吗？

邓老师：基本上，每天都来。你们今天有点来晚了，早来就能看到，可热闹了！

访谈者：我们刚来的时候看到了，还拍了几张照片。那您现在和老伴儿是互相照顾吗？

邓老师：现在我俩生活上都能自理。我身体也好，能自己动手的都自己来了。

访谈者：您跟老伴儿在一起多少年了？

邓老师：我们俩是小学、初中、高中同学，但是那个时候也没搞对象，不允许！后来上了工农兵大学，他在咱交大上的，我在吉林上的。

访谈者：后来你们就定居在西安了，是吗？

邓老师：嗯，定居在西安了。

访谈者：您每月退休金大概是多少？

邓老师：咱们学校前几年给我们加了500元工资，不管是教授还是下面的职工，今年又加了1000元。这是现在一般的单位没有的。现在我的工资马上就7000元了，我爱人工资是9000多元。我俩用不完这些，用不完就给儿子啦！

访谈者：那您每个月生活费大概是？

邓老师：这个生活费实际吃和用花不了多少。有时候在家里的亲戚和人情方面花得多一点。我们家两个人一年收入19万左右，我俩用9万就够了，能剩10万块钱。但是，去年买了房子，花了一笔。今年情况不错，咱们学校退休的职工经济都可以，工资都很高。

访谈者：如果看病，会报销很多吗？报销比例大概是多少呢？

邓老师：比例多少我搞不清楚。我最近做了一个胆结石手术，自己没花多少钱。我估计像我这个眼睛做白内障手术，应该也花不了多少钱。现在制度挺好的，大家现在对生活都很满意。我不知道你们有什么感觉，我们现在这个年龄都是从苦难当中过来的，经历过下乡、文化大革命、挨饿。这都是我比你们还小的时候就经历的。所以我们这代人现在都挺满意的。

访谈者：您家有请保姆或者钟点工吗？

邓老师：现在我跟老伴生活都能自理，身体都不错，我觉得请他们多余嘛。现在我家生活上的事情都是我们自己做，一点也不觉得累。有的家请了钟点工干活儿，或者让学生来帮忙，我倒是比较喜欢自己动手。自己动手还是比较好，是吧？

访谈者：对对对！既可以锻炼身体还可以省钱呢！您平常会买保险吗？或者贷款、投资、基金、股票什么的？

邓老师：保险没买，我投资买了点基金，钱都砸里头了！不过，我昨天看股市涨了一点点。大家现在说全球百分之七十五的经济都在复苏，所以看来股市还有希望。我也不发愁了，那点钱我估计也能拿出来。

访谈者：邓老师，目前您能享受到的社区服务有哪些？比如说免费理发、食堂提供的饭菜、医疗服务等。

邓老师：咱这不行，养老啊社区服务啊还不行，还有缺陷。之前会有校医院的医生来给我们看病。

访谈者：社区里的医疗机构会给你们提供基本的医疗服务吗？

邓老师：一般都是我们生病了去找他们，他们不会跑到我们家里面来就诊。作为家庭医生，现在其实也不大需要。

访谈者：你们平时都是吃食堂的还是自己做饭？

邓老师：自己做。但是楼下有提供饭菜的社区服务不是更好嘛，有时候自己不想做饭了，可以在楼下吃。

访谈者：那您平时有参加社区举办的各种活动或者比赛吗？

邓老师： 参加，尽量参加。比如说去年的汇演，大合唱。

访谈者：您对社区举办的这些活动有什么感想，您觉得有什么意义吗？

邓老师：挺好的，对老年人身心健康都很有益处。

访谈者：那么，国家有提供过什么养老帮助吗？

邓老师：医疗保险不都是国家给的嘛！连续几年涨工资，这些也都是国家给的嘛。听说以后还要涨呢！

访谈者：那您对国家和社区的养老政策有什么建议吗？

邓老师：我觉得我们国家正向养老服务这个方向发展，国家还是挺重视的。实际你看我们学校社区吧，我想应该再多盖些楼。如果在社区里再盖几栋楼，有电梯，就可以让学校里身体不好的老教授都搬进来了，就能解决他们上下楼难的问题啦！交大医疗没问题，咱学校有两个附属医院嘛，这问题就都解决了。

访谈者：您觉得这个社会对老年人尊重吗？

邓老师：我觉得现在我自己的生活就挺好的。现在国家越来越好了，福利保障越来越完善，我们这些从苦日子里走过来的人，都对现在的生活特别满意。老年人的生活也越来越幸福、快乐。我相信随着社会的进步，老年人的生活会越来越好。

访谈者：您最期待得到哪方面的尊重？如社会的关心重视、原单位的支持理解、子女的支持、还有老伴的理解？

邓老师：我都希望，这些方面都能达到就最好了。我现在的生活就挺幸福的，人要学会知足，知足常乐。

编号22——85岁，男，退休的英语老教授

访谈对象情况简介：男，85 岁，退休前为外语学院英语教授。老教授和老伴生活在一起，老伴今年 83 岁了。他们有一儿一女，都在国外工作，儿子在国外高校任教，孙子在国外读研究生。两个老人精神状态很好，能生活自理，平时热爱旅游、听音乐、散步。他们还能网上购物和使用支付宝，并能用微信聊天、传照片。

访谈地点：交大一村社区服务中心。

照片中老教授夫妇与访谈学生合影

具体访谈内容：

访谈者：您退休前是在哪里工作？

老教授：外语学院。

访谈者：您负责教什么专业？

老教授：我教英语。

访谈者：平常有子女陪着您吗？

老教授：没有，我们子女在国外。呵呵，是空巢老人。

访谈者：那您高寿呀？您日常生活能自理吗？

老教授：我和我老伴，我 85 岁，她 83 岁。但是呢，身体还好，所以我们的日常生活就靠我们两个。

访谈者：那您平时上下楼梯方便吗？有电梯吗？

老教授：我们没有电梯。我们以前住 6 楼，不方便。所以，我们又在上海住了 10 多年。后来，把我们的房子从 6 楼调到 1 楼，现在方便了。

访谈者：爷爷，您退休之后生活丰富吗？

老教授：我们很丰富的。

访谈者：您都有哪些生活方式呢？

老教授：一个呢，我们每年啊都要回上海，因为上海有房子，要回两次，上半年一次，下半年一次。到上海以后呢，因为我是浙江人，所以我们还会在浙江附近旅游旅游。我们旅游的目的不光是玩，因为这是我们的生活理念，就觉得旅游能丰富我们的生活，也对我们健康有好处。现在国家发展起来以后，人民生活水平也提高了，所以我们这个国家也更可爱了，哈哈哈。另一个呢，平常我们就看看微信，网上购物，听听音乐，散散步。

访谈者：您们也玩微信？

老教授：我们主要是朋友们照片相互传一传、信息传一传。有时，我们也在网上买东西，我们也用支付宝，网上购物。有时候，我们在家就听听音乐。然后嘛，就散散步，在学校啊、兴庆公园啊。不久前的八月份，女儿从国外回来了，我们全家还坐了游轮，到日本转了两圈，然后又坐小车，到武汉玩了一圈，我们上个月才回来。我们坐着小轿车啊，就是从西安到武汉，穿过秦岭要 12 个小时，整个一条高速公路建设得非常美！

访谈者：那您儿子来看您吗？

老教授：就一年一次。因为他在国外大学里教书，只有寒暑假才能来看我们。

访谈者：那您有去国外看他们吗？

老教授：去过，我们去过好几次了。但是现在老了，不去了。我觉得现在国内的发展比法国、德国、英国都好，哈哈哈。因为这些国家我们都去过了，德国、法国、意大利、比利时啊，都玩过。现在我们就待在国内。

访谈者：您有孙子孙女吗？

老教授：有的，他们都在国外，读研究生。我的孙子读研究生，哈哈哈，像你们一样年轻，所以今天看到你们，就像看到我的亲人一样。

编号23——75岁，女，退休的设备处老师

访谈对象情况简介：迟老师，女，75 岁，中共党员，陕西西安人，本科学历， 1967 年大学本科毕业，2002 年退休，退休前为交大设备处办公室老师。老伴去世，现在一个人生活，育有两子，两个儿子均在西安工作，对她孝顺。迟老师参加老年合唱团，喜欢旅游。

访谈地点：交大老年活动中心。

迟老师在接受学生们的访谈

具体访谈内容：

访谈者：您觉得退休后过得怎么样？精神上觉得还好吗？

迟老师：由于我一直是在搞工会活动的，相对来说还好。本身我的性格就是那种爱说爱闹的，现在没事时就和朋友们出去一日游、两日游、五日游的，出去转转，我喜欢出去玩。

访谈者：您性格这么开朗，身体还不错吧？

迟老师：我还可以，没有高血压没有心脏病，这是最起码的。

访谈者：那您平常锻炼身体吗？

迟老师：现在我腿不太好，特别是这个骨关节磨损太厉害。因为年轻的时候爱打球，所以这个腿从 40 岁左右开始就不太好，长骨刺什么的，后来到医院一拍片子，人家说你才七十多你的程度比那八十多岁的都厉害。医生让我换关节，我也不换，毕竟还是原装的好嘛。其实，我感觉现在挺好的，我们工资也涨了，生活上没有问题，觉得挺合适的。

访谈者：您需要这个社区提供一定的帮助吗？

迟老师：我不需要他们，我自己还是志愿者呢！

访谈者：您现在生活还可以自理吧？

迟老师：我完全可以自理，我自己觉得挺好的！比儿子他们在我跟前要好，我自己愿意做什么就做什么，愿意吃什么就吃什么。

访谈者：那您现在怎么跟子女联系？

迟老师：电话，都有手机嘛。我那手机还可以，我小儿子就是搞通信的，他会给我弄好。儿媳妇来了，又给我换了一个，高档手机。

访谈者：您手机的功能都会用吧？

迟老师：会，基本上都会用。我那个手机本来是个小的，是大儿子淘汰下来的手机，后来小儿媳妇来了，说给你换大的，然后换了一个大的。呵呵，给我，我就要，不给我，我也不问你们要。我的原则是，国家给我的，只要是给我的，我都要，你不给我，我也不想，不去想不去闹，钱也够花。

访谈者：您心态非常平和呀！

迟老师：对，我心态非常平和！我就这样，一辈子就是这种人。

访谈者：那您退休前在学校做什么工作？

迟老师：我是做行政工作的，在设备处办公室待了20年，在这里就没动过。

访谈者：那您进交大工作是什么时间？

迟老师：我是大学毕业分到这里的。我们这一代人是最可怜的，我1967年大学毕业，当时要服从分配，我被分到宝鸡一个100多人的工厂里，在那里当了4年工人，还生了两个孩子。当时，我进工厂的时候，别人不承认我是干部和我的学历。后来，又把我调到化学试剂厂，我在化学试剂厂呆了10年，还是当工人。再后来，快到改革开放的时候，我才转成干部，在技术组做实验，又干了10年。最后，我才被调到交大，来交大以后一直搞行政工作。交大当年成立了化工系，我想去，但是组织没有批准，所以我就在设备处办公室干了20年。

访谈者：那你最开始当工人的时候，是不是条件还不错？我们读《习近平的七年知青岁月》这本书，据说当时北京的知青都下乡了。

迟老师：我比他们还早，我1962年上大学，5年以后毕业，67年就去当工人了。当时我们班30多个人，有六七个人还去农场了。他们在甘肃的一个军马厂劳动锻炼，20世纪80年代初才返城。

访谈者：那本书上说，那个时候青年们就是要当工人或者下乡，习近平主席也下乡了7年。

迟老师：是的。我当时也觉得如果当一辈子工人也不错，没想到最后还有机会回到交大。

访谈者：我刚才看您在打麻将。您经常来吗？

迟老师：我就是娱乐娱乐，不经常来。我有时候在家看看电视，或者在手机电脑上面玩麻将、斗地主什么的。有时候还凑一些人大家组团旅游。

访谈者：那您关心时事政治吗？

迟老师：新闻联播之类的节目我是每天必看的。最近我在关注十九大，在看这方面的新闻。

访谈者：那您看什么电视剧吗？

迟老师：有时候也看，比如说《人民的名义》什么的。不过，我现在比较忙，参加了老年合唱团，还是支部书记。我觉得这样也挺好的，如果什么事都没有，也不太好。比如，我今年暑假去了汉中避暑，每天无所事事，我就感觉非常难受，这样呆了10天，我受不住，还是赶紧回家了。回家了扫扫地、浇浇花，再养个鱼，挺好的。

访谈者：我爷爷也和您差不多，在家也闲不住。他以前是当木工的，爷爷现在在家里的大院子里每天都在做各种东西。

迟老师：是的，要是每天都没事干，那就受不了了，思想上面很难受。我每天上午就读读报，看会儿电视，叫孙女上学，下午出去遛个弯，晚上回来做个饭。

访谈者：您提到孙女，你会管孩子学习上的事吗？

迟老师：这些我不管，有孩子父母管就行了。不过，儿媳对我也很好，经常给我买东西。

访谈者：那您平时和人聊天吗？会和孩子们聊天吗？

迟老师：这个没有，孩子们回家都是玩玩手机，看看iPad什么的。我也就玩玩手机。

访谈者：那你们似乎交流比较少啊？

迟老师：是少一点，我其实也不是很爱说话，甚至有时候可以一天都不说话。有的人就不行，我有一个朋友，她爱人也去世了，孩子也都大了，她一个人在家待着，晚上睡觉有时候还会害怕。我说这有啥害怕的呀，我一直都是一个人睡，这挺好的呀。这个朋友就经常来我家找我说话，但是我觉得也没啥。我还有点事干，参加合唱团，一个礼拜两次唱歌，两个晚上去唱歌，又唱又跳的。那个朋友整天什么事都不做，就一个人在家把电视打开，电视声音开得特别大。我觉得家里人多了挺好，就像你们来了，挺热闹。那个朋友就受不了，人多了她就烦。她可能是爱人去世了以后心理上受不了。我外孙在我家住了六年，我孙子来的时候我爱人已经不在了。我爱人是2008年去世的，孙女是2005年出生的，但是也没办法，癌症晚期嘛，活到整整七十周岁。这些我都能想得开，我老伴去世两个月以后，我心理上的坎儿就过去了。

访谈者：我上高三的时候，也有几个长辈去世，有时候还是会心理上有点冲击。我曾经读过一篇文章，里面说到庄子的一个思想，就是人不必执着于生，因为生如果是一次远游，那么死就等同于归来。他认为人生来自自然，死就是回归自然。

迟老师：就是啊，我们一定要能想得开。我的原则是，我在这世上走这一遭，我不亏待我自己，也不亏待别人，我心平气和。我工作一辈子从来没有坑过人，也从来没有拿过别人一针一线。文革那时候我还是受到过冲击的，但是我无所谓，我问心无愧，你们随便怎么说。我任何时候都对得起自己的良心，走到哪里我都说得过去，我不怕任何人说我，我处事就是这个原则。我能干的事儿我尽量干，有社会活动需要我参加，我都愿意参加。我还曾经参加陕西省的志愿者协会，我还去蓝田扶贫过，好多地方我都去过。后来年纪大了，腿脚不好，人家也不叫我，我就不去了。我觉得人就这样，别人说不能吃这儿不能吃那儿，我什么都吃。

访谈者：现在有时候微信上面传这个不能吃那个不能吃……

迟老师：我从来不信他们！我爱吃鸡蛋，但又怕胆固醇高。不过这不是吃鸡蛋造成的，人本身就造胆固醇，胆固醇是身体里的废物制造出来的。只有百分之二十的胆固醇是吃进去的。何苦呢？我每天一个鸡蛋，绝对保证。我每天还要吃些肉，我不在意这些东西。

编号24——74岁，女，退休的行政老师

访谈对象情况简介：女，74岁，苏州人，中专学历，政治面貌为群众，退休前为材料学院办公室行政老师。丧偶，目前独居。有两个子女，都在交大任职，孙子在上大学之前一直和老师生活在一起，现在为中国传媒大学大一学生。老师爱好旅游，会用微信发朋友圈，会参加社区组织的乒乓球、读书等活动。

访谈地点：交大广场舞活动场。

照片中老师正在接受学生们访谈

具体访谈内容：

访谈者：您目前跟谁一起生活？

老人：我一人住。

访谈者：那您有几个子女呢?

老人：两个。

访谈者：平时和他们的关系如何?

老人：挺好的，他们都在交大工作。

访谈者：他们主要在哪里居住呢？离您近吗?

老人：他们，嗯……让我想想啊，大的住在那个中心城市花园，就是在信号厂拐过去，挺近的。老二在曲江，就那个咱们交大附中高中部那边，也挺近的。

访谈者：那他们经常来看您吗?

老人：频繁着呢！有时候中午吃个饭，有时候周六周日就带着我出去转。

访谈者：老师，您是西安人吗?

老人：不是，我是苏州人，我小时候在苏州长大，后来又到安徽，工作又分到西安了。

访谈者：您喜欢西安吗?

老人：还可以，西安比较大。像我姐姐的孩子他在安徽合肥那边，他来了西安以后就说西安很大气，街道很宽，建筑也很高，经济发展的也好。

访谈者：您喜欢您现在的退休生活吗？

老人：挺喜欢的呀！上班压力大嘛，咱们现在也没什么压力，工资也可以，挺幸福的。

访谈者：您平时遇到开心的事或喜事会和谁分享呢？

老人：群里啊，儿女啊。像重阳节，大家在群里都会相互问候。

访谈者：那您退休后有过烦恼吗？

老人：有的时候也有烦恼，但都能自我化解。烦恼啥的，你就和知心朋友说，一两个就够了，如果不说也会心里烦。你想想是不是？

访谈者：那您怎么看待压力这个东西？

老人：看开一点。都活了几十年了还不看开一点。

访谈者：比如说您碰到一件很重要的事情要做决策的时候，您会跟谁商量呢？

老人：主要还是和儿女。同志也是知音，商量一下，也会给你提提建议。

访谈者：您怎么丰富您的老年生活？

老人：老年生活不就是做饭啊，买菜啊，锻炼啊。我下午有的时候还到外头兴庆公园走一圈，逛一逛，看一看。

访谈者：您会参加什么社会活动之类的吗？

老人：我们有几个能玩到一起的朋友经常一起出去玩，叫互助式旅游。

访谈者：您旅游是在国内吗？

老人：有时候也会去国外，尤其是在春节的时候，很多人好不容易回家一次，就不跟他们抢交通了，我们就去国外玩。

访谈者：退休后您经济情况怎么样？

老人：经济呀，我现在一个人的工资也花不完。

访谈者：您请过保姆之类的照顾您吗？

老人：没有，都是我自己，不需要。

访谈者：您有存钱的习惯吗？

老人：我有存钱的习惯啊，我把钱都买国债了，对老年人来说就这个比较稳定。年轻人理财啊什么的，我不太会。

访谈者：您退休后参加什么文体活动吗？

老人：文体活动我们这都有，像乒乓球、读书、看报啊，我有时间就参加。

访谈者：那你们会有组织春游啊之类的吗？

老人：有，但是今年我还没去。为啥没去呢？因为我想自己调理一下身体。我的小外孙他刚刚高考完嘛，他的饮食很丰富，把我这老年人都给吃胖了。我想今年调理一下，明年再出去。

访谈者：那您在家的时候有什么兴趣爱好呀？

老人：哎哟，在家的兴趣爱好就是看看短信啊、看看电视啊、写写微信、发发朋友圈呀。

访谈者：老师您最近的日常作息怎么安排？

老人：我一般是五点半到六点就醒了，磨磨蹭蹭一会儿，年纪大了，起床气多嘛。我现在年龄大了，睡得也早，大概十点半就得睡。

访谈者：那您觉得现在这个社区或者离退休办还有什么做得不够好的吗？

老人：我觉得吧，这个卫生还得改进一下。

访谈者：小区垃圾怎么处理的呢？

老人：小区垃圾好像每次过一段时间就有个人拉着车把垃圾拉走了，主要不是这垃圾的问题。

访谈者：那是啥？

老人：地上有木屑啊，落叶啊，还有果皮啊之类的。

访谈者：是不是老人容易被绊倒，是吗？

老人：倒也不是这个。主要是看着不舒服，年纪大了的人看着很不舒服。

访谈者：您觉得整个社会对老年人尊重吗？

老人：挺好的！社会风气不一样了，公共汽车上会有年轻人让座，菜场买菜什么的也没见过小偷了，和以前不同，社会治安好了。

访谈者：您最希望得到什么样的尊重？

老人：这样就挺好的！总不能要求人家年轻人过来给你鞠个躬吧。

访谈者：您怎么看待国家的养老政策？

老人：养老政策是个大问题。对于老年人来说，在社区能不能办养老院，搞上一个单元，让那些子女都不在身边的，特别是在国外的，还有像年纪大的一些单身老人，大家住在一起。现在社会都提倡社区养老。

编号25——68岁，女，退休的行政老师

访谈对象情况简介：68岁，女，退休前是交大的行政老师。老师有一独生女儿，在西安一家大型医院工作。老师生活能够自理，现在和老伴，还有女儿、女婿、孙子一起生活。老人是老年人志愿队的一名成员，长期坚持锻炼身体，身体健康，并喜欢和老伴一起出去旅游。

访谈地点：交大老年活动中心。

具体访谈内容：

访谈者：您有几个子女？您目前和谁一起居住？关系如何？您会帮他们带孩子吗？

老师：我们家是独生子女，我只有一个女儿。我和老伴，还有女儿、女婿、孙子一起生活，我们关系很和睦。女儿读过博士，现在西安的一家医院里当医生。家庭经济除了要还房贷其余都还好，我会帮女儿做家务和带孩子。

访谈者：您和孩子聊天多吗？

老师：因为是和女儿住在一起，所以有很多的交流机会和时间。她每天回家了，我们就聊聊天。

访谈者：您喜欢退休生活吗？对目前的生活状况满意吗？

老师：对于退休生活我感到很满意。因为远离了工作，时间会比较自由，能做的事也有很多。

访谈者：您平时心情愉快的时候多吗？什么事情能让您感到幸福快乐？当您遇到开心或喜事时会跟谁分享？

老师：平时心情愉悦的时候很多呀！外出旅游就是一件很高兴的事。我遇到开心的事当然会和家人一起分享啊。

访谈者：您有烦恼的时候吗？是什么事情导致您心情不好？

老师：呵呵，我基本上没什么烦恼苦闷的时候！因为没有时间去烦恼啊，既要帮忙照看孙女，又有志愿活动要做，很充实，没什么烦恼的。哈哈，当然烦恼人人都会有，但是如果把芝麻大小的烦恼看成天一样大的话，那不就是自寻烦恼嘛。

访谈者：您目前最大的困难是什么？您首先想到谁能帮助您？

老师：没有什么特别大的困难。

访谈者：当您遇到很重要的事情要做决定时，您会找谁商量？

老师：有重要的事嘛，一般都会和女儿还有老伴一起商量。

访谈者：您觉得自己现在的身体状况怎样？平时锻炼身体吗？

老师：我现在身体还是很好啊！毕竟年纪大了，有点小问题，但是没有大毛病。我每天都锻炼身体的，早上啊，中午啊，晚上啊。呵呵，你们年轻人一定要趁着年轻多锻炼，不然年纪大了就后悔了。

访谈者：您会不会用电脑或者手机视频聊天？

老师：我会用电脑和手机来视频聊天。但是网购我不参与，怕有可能会被骗。现在网上诈骗挺多的。

访谈者：您抽烟喝酒吗？您服用保健品吗？谁给买的？

老师：我不抽烟喝酒，也不吃什么保健品，我女儿就是医生。保健品就是图个心安，心理作用，我觉得锻炼好于日常正常饮食，更好于保健品。

访谈者：您女儿孝顺吗？当您有困难或者生病时，您会告诉他们吗？

老师：呵呵，我女儿很孝顺的，也很争气！她读了医学博士，找了个好工作，还买了房，让我们和她一起住。我要是生病了的话，就会告诉家里人的嘛。

访谈者：您对自己经济条件的评价如何？

老师：我吧，觉得自己经济条件还是不错的。不过，女儿还有房贷的压力。

访谈者：您的退休金够不够花？主要用于什么呀？

老师：退休金够花，一般用于日常生活。呵呵，女儿也会给些经济帮助，经常给我买衣服，资助我们老两口出去旅游。

访谈者：您有哪些兴趣爱好？现在还在坚持吗？

老师：旅游啊，锻炼啊，很多的，我一直都在坚持。

访谈者：您的日常活动主要有什么？

老师：带孩子啊，锻炼身体啊，种花啊，没事的话也一起打打麻将。

访谈者：您喜欢参加一些社会活动吗？

老师：挺喜欢参加活动的！现在我就参加了志愿者活动，退休办有活动，我们就参加，给大家服务服务。

访谈者：您在社区内的朋友多吗？会一起出去玩或者吃饭、旅游吗？

老师：嗯，我在社区里还是有很多老朋友们的。大家常聚在一起啊，每个周末大家还一起组团外出游玩。

访谈者：您有医疗保险吗？您生病时子女是否会出钱给您看病？

老师：有医疗保险。我和老伴生病时，女儿和女婿会出钱看病。不过，有医保，也花不了太多的钱。

访谈者：您是否有存钱的习惯？是否有其他投资？

老师：我没有存钱的习惯。我的钱都用来做想做的事情去了，呵呵，我也不参与什么投资和贷款的事情。

访谈者：您平时是否关注时政新闻？如果有，您是从什么渠道获得的？

老师：我平时也会关注新闻，一般上网或者看电视。

访谈者：您最期望得到哪些方面的尊重？

老师：期望得到社会的关心重视啊，原单位的啊，子女的啊，老伴的啊。人总是希望被尊重和理解的嘛。

访谈者：平日您的子女孝顺您的方式主要是什么？是提供物质方

面的帮助还是经常与父母沟通？您更喜欢哪种方式？

老师：子女平时虽然忙，但是一有空呢，就会和我们沟通和交流，而且也很尊重和理解我们的一些想法。孝敬父母，物质方面当然也会有的啊，我比较喜欢出去旅游，子女呢，都为我们安排好啦。

访谈者：您在决定个人问题事情时，是否会受到子女的干涉？子女是否尊重您的意见？

老师：当然也会受到一些干涉啊，毕竟一家人嘛！很多时候呢，子女会选择尊重我们的意见。在他们做决定的时候呢，也会问问我的意见，当然，我也尊重他们的意见。

访谈者：逢年过节时，您以前的单位同事会来看您吗？您高兴吗？

老师：呵呵，我们大家很多都住在这个社区里，每天都可以见面。

访谈者：您觉得整个社会对老年人尊重吗？有什么不满意的地方吗？

老师：我觉得社会还是非常尊重老年人的。特别是习近平总书记上任之后，有了很大的改善。我很满意这个社会，没有什么不满意的地方。

编号26——85岁，男，退休老教授

访谈对象情况简介：李教授，男，85岁，中共党员，浙江人，退休前是交大的教授、博士生导师。生育四个子女，两个退休了，两个还在工作，目前与老伴、女儿、女婿一起生活，孙子和孙女都出国了。李教授平时喜欢打竞技麻将、看报纸、弹弹电子琴，坚持打太极拳，最近几年开始写毛笔字。

访谈地点：交大一村社区。

照片中扶着杆子站着的是李教授

具体访谈内容：

访谈者：李老师，您好！您目前和谁一起居住？

李教授：和老伴、女儿、女婿一起居住。

访谈者：您有几个子女？与他们的关系如何？他们在哪里居住？从事什么工作？他们家庭情况怎么样？您会帮他们带孙子、孙女吗？

李教授：我有四个子女，两个退休了，两个还在工作。外孙出国了，女儿、女婿都是能动学院的教授。我现在不用帮着他们带孩子了，孙子孙女都大了。

访谈者：您与子女们经常聊天吗？是否有共同的话题可交谈？

李教授：经常和子女交流，也和外孙打电话，外孙在美国念书，聊他的学习情况、生活情况，还会和他聊聊他父亲的情况。

访谈者：您喜欢退休生活吗？对目前的生活状况满意吗？

李教授：我对目前的生活很满意！

访谈者：您平时心情愉快的时候多吗？什么事情能让您感到幸福快乐？

李教授：我平时心情都很愉快，主要为国家的富强感到高兴！现在日本人再也不能欺负我们，再也不能烧杀抢掠了。

访谈者：那您有烦恼或者苦闷的时候吗？多吗？是什么事让您心情不好？

李教授：有，但是不多。老人最怕孤独，有时候特别希望儿女在身边。我女婿特别忙，每年出差 20 几次，国内国外的，我们家就靠我女儿了。

访谈者：您在本社区内的朋友多吗？会一起出去玩或者吃饭、旅游吗？

李教授：有一些朋友，大家经常在一起打打麻将、聊聊天。

访谈者：逢年过节时，您以前的单位同事或者学生会来看您吗？您高兴吗？

李教授：过节的时候会有学院和教研室的人来慰问。有时，我以前带过的学生也来看我。前段时间，学校有三十年返校组织的一次活动，我见到以前的一些老朋友，大家都很高兴。

访谈者：您觉得自己现在的身体怎么样？平时锻炼身体吗？

李教授：我经常锻炼身体，目前还没有明显的疾病。

访谈者：您现在能不能生活自理？

李教授：我生活还能够自理，可以做一些简单的家务。

访谈者：您的日常生活主要由谁照顾？你们家的家务活主要由谁承担？

李教授：我们现在的生活主要由保姆照料，她一般是做饭，打扫卫生。

访谈者：您有哪些兴趣爱好？现在还在坚持吗？

李教授：我坚持打太极拳、写毛笔字，我有 60 年没有写过了，近几年才慢慢捡起来，开始写。

访谈者：您的日常活动主要有什么？

李教授：打麻将，是那种竞技麻将，又被称做脑力太极拳。看报纸，弹弹电子琴，听听歌，偶尔也哼上两句。

访谈者：您退休后是否继续读书做研究？

李教授：我还是一直对以前研究的领域比较关注的。我有一个老朋友在做课题，我俩还经常一起研讨。不过，我年纪大了，很多知识慢慢地都忘了。

访谈者：您平时是否关注时政新闻？如果有，您从什么渠道获得的？

李教授：我平时还是比较关注国内外大事。我喜欢读报，通过报纸、电视新闻、网络来了解。

访谈者：您对网络或者手机使用掌握得如何？

李教授：我也有手机、iPad。我一般会用手机查唐诗，但不怎么用来聊天。

访谈者：您觉得自己的经济条件如何？您的退休金是否够花？

李教授：经济状况还可以，我自己的退休金也花不完。我的退休金主要是饮食方面的支出。以前还会到各地去旅游，现在年纪大了，走不动了。

访谈者：您有医疗保险吗？您每个月看病、吃药的钱多不？能承担不？

李教授：我们有医疗保险，退休办的定期体检都是免费的。我也没有什么重大疾病，所以很少有这方面的支出。

访谈者：目前，您享受到的退休办或社区服务有哪些？

李教授：介绍保姆，还有定期体检。

访谈者：您是否去退休办或社区提出过相关要求或帮助？

李教授：我觉得社区有些树保养得不好，向他们反映了，但好像没有人管。

访谈者：您参加过退休办或社区举办的各种活动或比赛吗？

李教授：社区经常组织唱歌、绘画社团或者比赛，我有时候也参加。

访谈者：您所在的退休办或社区是否有社区医院或卫生站等医疗机构？

李教授：社区没有这样的机构，但校医院有家属医疗站。

访谈者：咱们社区有志愿者或者社工吗？

李教授：几乎没有志愿者。

访谈者：您是否需要政府给您提供经济帮助？您对国家的养老政策有什么意见？

李教授：我不需要经济帮助。我主要觉得国家对空巢老人的关心程度还不够。我身边有很多这样的老人，儿女全都出国了，很久才回来一次。他们都羡慕我还留了一个女儿在身边。现在他们就算有什么突发状况也没有人照料。

访谈者：您觉得整个社会对老年人尊重吗？有什么不满意的地方吗？

李教授：我觉得社会对老年人还是很尊重的，但是还不够。就像我们的活动场地非常有限，经常很多社团一起举办活动，场地就有冲突了。学校之前承诺给我们再建一些活动室，后来就不了了之了。

编号27——85岁，男，退休的教务老师

访谈对象情况简介：85岁，男，浙江人，退休前负责教务处行政管理工作，研究领域为工业电气化。老人有三个儿子，小儿子在西安，另外两个在国外，老人生活可以自理，平时喜欢看书、看报纸。

访谈地点：交大老年人活动中心。

照片中是老师正在接受学生们的访谈

具体访谈内容：

访谈者：您目前和谁一起居住？

老师：和我老伴一起住。

访谈者：你们两人之间关系如何？

老师：关系挺和谐的。

访谈者：您有几个子女？与他们的关系如何？他们情况如何？

老师：我有三个儿子，他们都家庭和睦。小儿子在西安，另外两个在国外。他们三个都已经结婚了，家庭经济状况都还不错。我们没有跟小儿子住，我俩自己住，年纪大了，孙子也大了。

访谈者：您与子女们经常聊天吗？有没有共同的话题可以聊？

老师：我们基本上每周都会打打电话。

访谈者：您小儿子多久回家来看望你们一次？会帮您做家务吗？

老师：小儿子每周末都会来看望。他回来的时候会帮忙做点家务，买点东西，陪着看病买药。

访谈者：您喜欢退休生活吗？对目前的生活状况满意吗？

老师：比起退休生活，我更喜欢工作的时候。现在在家里生活单调，只能看看报、看看电视。

访谈者：您有哪些兴趣爱好呢？现在还在坚持吗？

老师：我这辈子就喜欢看报看书，现在还在坚持。

访谈者：您的日常活动主要有什么？

老师：看书看报。

访谈者：您喜欢外出参加一些社会活动吗？

老师：不怎么参加。我喜欢安静一点的生活。

访谈者：您希望再丰富一下您的老年生活吗？

老师：不用，不用。我觉得维持现状就挺好的。

访谈者：您退休后是否继续读书做研究？

老师：我继续读书，但没做研究，精力不允许了。

访谈者：您平时是否关注时事新闻？如果有，您是从什么渠道获取的？

老师：我一直关注新闻，平时看报看电视来了解。

访谈者：您平时心情愉快的时候多吗？什么事情能让您感到幸福快乐？

老师：儿子来的时候就很开心。

访谈者：您有烦恼的时候吗？多吗？

老师：跟老伴吵架的时候我心情会不好。不过，因为我耳朵听力不好，吵架的时候，我也听不清她说啥，哈哈哈。

访谈者：您目前最大的困难是什么？您首先会想到谁能帮您？

老师：我听力不好，生活自理有些困难。我首先想到的帮助对象是儿子。等再老些，我和老伴可能会找社区帮忙或进养老院或者请保姆。

访谈者：当您在生活中遇到一件很重要的事情需要您做出决定时，您会找谁商量？

老师：儿子。

访谈者：您觉得您的子女孝顺吗？当您有困难或者生病时，您会告诉他们吗？

老师：都挺孝顺的。我生病会告诉他们。

访谈者：平日您的子女孝顺您的方式主要是什么？是提供物质方面的帮助还是经常问候？您最喜欢哪种方式？

老师：都有！但我更希望能经常沟通。

访谈者：您在决定个人问题时，是否会受到子女的干涉？子女是否尊重您的意见？

老师：他们不会干涉我。我们没住在一起，所以日常小事都由我自己决定。他们也很尊重我的意见。

访谈者：子女如果有大事要决定，会征求您的意见吗？

老师：会，他们会征求我的意见。

访谈者：您觉得子女们在发展自己的事业方面让您满意吗？

老师：都挺满意的。

访谈者：您在本社区内的朋友多吗？会一起出去玩或者吃饭吗？

老师：朋友们年纪也都大了，平时不怎么出来活动。

访谈者：您觉得自己现在的身体状况怎样？平时锻炼吗？

老师：我现在听力不是很好，还有一些慢性病，像前列腺炎、肾病。现在晚上起夜多，睡不好。我平时不太锻炼身体，就日常按时作息，注意饮食。不过，没有太大的毛病。

访谈者：那您现在能不能生活自理？你们家的家务活儿主要由谁承担？

老师：现在生活还可以自理，基本上能自己照顾自己。不过，恐怕再过几年可能就不能自理了。现在主要靠我跟老伴两个互相扶持。

访谈者：您会不会用电脑或者手机视频聊天？

老师：我一般不用手机和电脑视频，还不太会用。主要用手机打打电话。

访谈者：您是否有喝酒或抽烟的习惯？是否服用保健品？谁给买的？

老师：我不抽烟也不喝酒。我服用的保健品都是孩子们在国外给买的。

访谈者：您的经济条件如何？您有经济压力吗？

老师：经济条件还可以，退休金花不完。我们每个月两人一起支出两千元左右，主要用于吃饭，还买一些生活用品。每个月都有余钱，也没啥经济压力。

访谈者：您是否有存钱的习惯？是否购买保险？

老师：没有买其他保险。

访谈者：您有医疗保险吗？您每个月看病、吃药的钱够不够用？需要子女们出钱吗？

老师：我有医疗保险，看病、吃药主要是学校出钱、国家出钱。

生病时，在西安的儿子会陪着我去看病。

访谈者：您最期望得到哪些方面的尊重？如社会的关心、原单位的关心还是子女们的支持和理解？

老师：希望得到子女的尊重。

访谈者：目前，您享受到的退休办或社区服务有哪些？

老师：不清楚有哪些服务。退休办每个月会给 100 元补助，存在银行卡里，但必须是本人去拿，不能别人代取，每次拿都得排长队，所以我一般都是一次性取好几个月的。

访谈者：您参加过退休办或社区举办的各种活动或比赛吗？

老师：不怎么参加活动。我喜欢一个人看报纸。

访谈者：您所在的退休办或社区是否有医疗机构？能否为老年人提供医疗服务？

老师：有。交大校医院会提供一些服务。

访谈者：您是否需要政府给您提供经济帮助或者资助？您对国家的养老政策有什么意见？

老师：国家有提供资助。没啥意见！

编号28——68岁，女，退休的幼儿园老师

访谈对象情况简介：女，68 岁，河南人，共产党员，退休前为交大附属幼儿园幼儿教师。目前和老伴两人一起生活，有一个女儿，已经大学毕业，已婚，在北京工作。老师经常锻炼身体，热心参加退休办组织的老年志愿者服务队。

访谈地点：交大老年人活动中心。

照片中老师正在接受同学们的访谈

具体访谈内容：

访谈者：您退休后参加什么社区活动吗？

老师：现在咱们这也成立了老年志愿队了，我们就自愿参加志愿者活动。我们还可以为了年龄大的人服务，我们自己也觉得挺高兴的。有时候还去活动器材那边运动一下。

访谈者：您是不是每天都来这儿打麻将啊？

老师：不不不，我不打麻将，我是来给他们服务的。老年活动中心每年有一次竞技麻将比赛活动，大概是年底这个时候，我就来给大家服务一下。咱这儿退休的老人比较多，这个比赛他们有的能出来就出来参加。我们是属于志愿者，给大家服务服务，哈哈，就是这样。

访谈者：那就是说你们服务那些年龄更大一些的老人，是吧？

老师：是的。

访谈者：那平时社区有没有学生来给你们做志愿者？

老师：扬帆社的同学，他们经常来。有时候，有的老人家电器坏了就给修一下，还打扫打扫卫生。有时候他们还出通知，我们有啥要求，都可以跟他们反映。

访谈者：那您今年多大了？

老师：我今年 68 岁了。

访谈者：那你们都退休五年以上了吧？

老师：我以前在交大幼儿园工作，我们五十多岁就退休了，我退休快二十年了。我做志愿者，主要觉着自己身体好，还可以为咱自己的老人服务服务。我觉得学校退休办组织的活动也比较多。一年大概有十个月吧都组织活动，就是我们这些志愿者就为咱学校这些老人服务。除了1月份、2月份，3月份就开始有各种活动。好比3月份有"三八"妇女节，退休办会根据这个节日举办个比赛，反正基本上每个月都有活动。退休办有好多社团嘛，有唱歌的，跳舞的，还有下棋的，打乒乓球的。

访谈者：那您是哪儿的人？

老师：我是河南人，我家离洛阳近得很，只有 30 里路。我们单位好多老师傅是从上海迁过来的，现在都老了，有七八十岁了。他们有的迁来的时候没带家属来，每年都回家，到最后人家退休就彻底回南方了，还有的是家都搬到这儿，娃娃也在这儿，所以留下来了。我九九年退休以后，主要在家里做做家务。后来学校慢慢发展，大概二零零几年的时候成立了老年志愿者服务队伍。成立了以后，我就觉得老待在家也不行，咱也应该出去为人民服务服务。反正，现在学校有啥活动的，我们志愿者都主动参加，趁现在还能跑动、能走动，还能为大家做点啥。

访谈者：您身体还可以吧？

老师：是，我还可以。你看我现在差两岁就七十了，身体也好着呢。

访谈者：您经常锻炼，是不？

老师：我经常锻炼。现在我觉着，我们这些老人也都想开了，都出去旅游旅游。我们刚退休的时候，退休办还组织我们去厦门、云南旅游，有一日游两日游，还有七八天的到新疆去。前几年，我们出去的时候都是退休办的工作人员带着，结果后来担心出事情，带着也挺操心的，所以学校现在都不组织了。有想去的，就自己找几个人组织起来，找个旅行社出去玩。反正，我觉着我退休以后这几年，反而老了活动还挺多的。

访谈者：咱们社区老年人看病方便吗？

老师：看病是去医院看病。现在不是医疗改革了吗？原来咱家属区有个诊疗所，学校有医院，看病都在这儿。现在开了医保以后，就活了嘛，哪块离得近就去哪块看病。我觉着还挺好的，医保也都能报销。有的老年人大病学校看不了，就介绍到武警医院、第四军医大之类的。反正医疗现在挺好的，就改革开放活了嘛，谁想到哪儿看就到哪儿看。你看现在学校医院里面就比较萧条，原来没有医保的时候，我们看个牙光排队就要排一上午，医生少病人多。现在，反正你想到外头去看也行，你想在学校里面看也行，方便多了。另外，学校每年给我们系统检查身体，原来是两年一次，现在都改成一年一次。每年体检，我们都不掏钱。交大这个退休工作做得还是挺好的，我们都觉着很满足。

访谈者：那您感觉你们退休生活丰富吗？您特别快乐，是吧？

老师：我不知道人家咋觉得的，反正我自己感觉学校搞得挺好的。我觉着交大关键是各个层面的组织都对我们老年人挺关心的。咱们退休办分得比较细，退休人员有退休办管，社区有社区的，不管哪家出啥事，都有人管。还有就是原来各个单位也关心退休人员，每年到年底都会把退休人员聚集到一块，聚个餐、出去玩一玩啊。

编号29——70岁，女，退休成人教育老师

访谈对象情况简介：女，70 岁，天津人，本科学历，丧偶，退休前为交大成人教育部门的老师。目前老师一个人独居，有一个女儿，帮忙照顾小外孙。女儿在西安工作，事业繁忙但经常回家探望。老师退休后身体健康，坚持锻炼身体，经常参加打太极拳、跳广场舞、爬山等活动。

访谈地点：交大广场舞活动中心。

照片中老师与访谈学生们合照

具体访谈内容：

访谈者：老师好，十九大召开后，您觉得近两年咱们社会发展有什么变化吗？

老师：我觉得会上公布了好多对民服务都是免费的，对我们来说是个好消息。像现在去公园、旅游景点，我们 65 岁以上的老人都免费。西安市对七十周岁以上的老人还会再给办一张免费公交卡。我们还有医保卡，买药可以刷医保卡，对我们来说都是好事……得一场病，以前没有医保的时候，怎么说也要花几百元。前几天，我去做了一个血液检查，花了还不到一百块钱，过去我觉得看一趟病起码要五六百、七八百元的样子。现在都挺好的。

访谈者：老师，您有医疗保险吗？花费大不？自己能负担不？

老师：我们现在有医保卡，看病不贵的。过去是在学校看病，自己付百分之二十的钱，如果到外面指定医院看病，付百分之三十的钱，如果不去指定的医院看病就是全自费。现在，基本上就是拿个医保卡，你随便看去，哪儿都可以看。

访谈者：老师，您觉得社区生活条件怎么样？

老师：生活设施很健全！逢年过节还有从西区来的工作人员来拜访我们。

访谈者：老师，您退休生活有什么安排吗？

老师：爬秦岭呀，锻炼身体呀，跳舞呀。呵呵，现在我们还可以"公交旅游"，就是坐一趟公交车，到西安湿地公园啊，大唐芙蓉园啊，周围的公园都可以去玩……

访谈者：老师，社区里有给老年人提供服务的志愿者吗？

老师：社区会不定期组织志愿者来陪老年人聊聊天，消磨消磨时间。我觉着这个志愿者活动挺好的，可以了解一下我们老年人的心态。我们就是觉得不要给国家增加负担，不要给儿女增加负担。我们做好自己的工作，养好自己的身体，就行了。

访谈者：老师，您退休后心情如何？

老师：退休和工作的生活完全不一样，所以，我们要学会调节自身的心态。我在退休之后，调节得比较快，现在已经适应了自己的退休生活节奏啦。

访谈者：老师，您和子女关系如何？会帮他们做家务吗？

老师：我这个人呢，与子女关系挺融洽的，没有什么突出的家庭矛盾。现在年轻人工作都挺忙的，我也愿意照顾孙子。

访谈者：老师，您现在关心社会发展和时政新闻吗？

老师：呵呵，我这个人对社会发展心态挺积极的。要靠自己努力，才能顺应时代的进步嘛，我也会用手机、电脑，也看新闻。

访谈者：老师，您在本社区内的朋友多吗？

老师：我和其他退休同事的关系都挺不错的。我们有一些关系好的朋友，经常一起出去玩。

访谈者：您认为您退休后最大的困难是什么？您首先想到谁能给您提供帮助？

老师：我目前的生活其实没有太大的困难，也觉得现在的生活很好。我其实就担心将来自己生病了会给儿女们造成负担。但是，现在国家的各种制度都在进步，特别是医疗制度，让我们老年人看病更方便、更便宜。社会发展进步得太快了、更新换代太快了，那些电子产品的操作我们还是停留在初级状态，慢慢地适应吧。我觉得现在小学生操作电脑的能力都比我们要强，可以说我现在都得向我的小孙子学习。呵呵，我每天也在学习新东西。

编号30——71岁，女，退休行政老师，喜欢竞技麻将

访谈对象情况简介：女，71 岁，本科学历，退休前为交大的行政老师。现在和老伴一起生活，育有一个女儿，在西安中学工作。平常爱好打乒乓球、羽毛球，打麻将，是竞技麻将协会副会长、行政楼长。

访谈地点：交大广场舞活动场。

照片中老人与访谈同学们合影

具体访谈内容：

访谈者：老师，您目前和谁一块住？

老人：我们老两口一块住。

访谈者：您有几个子女？

老人：一个。

访谈者：工作了吗？

老人：工作了，她是老师。

访谈者：是老师呀，那她多久回家一次？

老人：嗯，她大概一个星期回来一次，工作挺忙的。

访谈者：您平时跟孩子沟通的多不多？

老人：挺多的，她忙她自己的，她都30多岁了。

访谈者：您平时的兴趣爱好是什么呀？

老人：乒乓球、麻将，主要是这两个。羽毛球，我估计我最多还能再打十年，再老肯定就跑不动了。

访谈者：那您有没有养花、养宠物什么的？

老人：养花呢，那是我们家孩子她爸干的事，养鸟也是他的事。阳台上到处都是花。

访谈者：您现在身体状况怎么样？

老人：挺好的。

访谈者：您平时锻炼吗？

老人：我平时锻炼非常多！我每天早晨到退休办去我参加的那个乒乓球俱乐部打打乒乓球，然后去打竞技麻将。我们退休办有很多社团，跟你们大学生社团差不多。我负责竞技麻将这个社团，工作呢就是管大概60多个老人进行竞技麻将比赛。在这个社团里面，我算是小字辈，比较年轻，才70多岁嘛。我们竞技麻将协会里边最大的会员年龄是88岁，脑子还很清楚，而且有三四个都是88岁，他们麻将打得都挺好的。我负责竞技麻将社团能消耗掉我退休后的一半精力。因为我每个星期要办一个学习班，每个星期五下午还会请一些专业裁判给大家讲课。我们这个协会基本上是一个月举办一次赛事，每年我们还要出省参加一次全国比赛。我们交大几乎每一次都参加，去年拿了全国团体第二，今年拿了团体第三。这些老教授们，你别看他们行动不便，但大脑都特别清楚。另外，咱们交大现在不是有体育馆、羽毛球馆吗？我一个星期去打一次羽毛球，因为我打羽毛球也打了30多年啦。我有一帮打羽毛球的老朋友，都在60到70岁的，我们一个星期打一次羽毛球，打 2~3 次乒乓球。当然，我的主要精力还是放在这个麻将上，通过竞技麻将为老朋友服务。

访谈者：您现在经济状况如何？

老人：嗯，经济条件还可以。

访谈者：退休金够花吗？

老人：肯定花不完的。

访谈者：您主要用在哪些方面呢？

老人：嗯，改善自己生活吧，我们现在吃也吃不多，穿衣服也穿不坏。现在就有一种感觉，感觉到很幸福，你像我大概一个月有八九千块钱退休金，八九千块钱，我们老两口肯定是用不完的。子女也不要我们的钱，所以钱上没什么问题。

访谈者：那您平时关注新闻或者是社会舆论吗？

老人：像十九大我就很关注。我这人虽不是共产党员，但是我还很关心的。

访谈者：社区里面有什么其他的福利吗？

老人：社区没有。退休办会有每年一次的免费体检。

访谈者：您觉得现在社区工作怎么样？或者是您对他们有什么意见？

老人：我觉得社区服务在改进。不像过去，我们住的是老式楼梯，打扫都是我们自己的事，都是自己或者几家联合起来打扫，或者出点钱请人来打扫。现在，我发现社区，大概一个星期或者两个星期，会请一个人来帮我们把楼梯从上到下打扫一遍，感觉现在楼道比较干净。而且我是我们这个社区里边的楼长，一个楼长就管一栋楼，退休办就会给我们这些楼长（楼长都是退休人员）安排活动。就是退休办有个啥指示，会让我们这些楼长来落实一下，或者有同志需要帮助的，也让我们去帮帮，我们这些楼长都属于志愿者。不过他们给我们一个官名，叫"行政组长楼长"，或者叫"麻将协会会长"。哎呀，我现在就是一心忙这些事，我跟上班时间一样，每天早上 7:50 出门，一天也挺忙的。我现在身体还好，政府给咱发这么多工资，要知恩图报。

访谈者：您觉得现在社会对老年人们足够尊重吗？

老人：现在社会越来越好，而且我觉得好像更人性化一些。就像刚才说的，我在这个楼道住了这么多年了，因为我这个人爱管闲事，比如我就会让大家都掏点钱，出钱请一个人给我们打扫卫生，现在就不用操这个心了呀！现在是社区请个人，我看那些连楼梯门外边一些卫生死角都打扫得干干净净的。挺好的！

★★※※※※★★ 访谈结果分析 ★★※※※※★★

从上述访谈中可以看到，高知老人们普遍有自己的兴趣爱好。女教师们喜欢参加跳舞、唱歌、打太极拳等活动，男老师们喜欢参加书法、绘画、竞技麻将等活动，他们共同喜欢旅游、看书、读报等活动。这些活动既拓宽了老年人的视野，又锻炼了身体，还让他们拥有志同道合的“朋友圈”。这种劳逸适度、动静结合的老年生活，不仅是他们保持健康的秘诀，也是欢度晚年的保证。还有一些老人积极参加志愿者活动，愿意为社区组织老年人开展的各种活动提供服务，享受“助人之乐”。从上面分析可以看到，高知老人们身上体现出“老有所爱”“老有所乐”的积极老龄化特征，也告诉我们“健身锻炼可以延年益寿”“书画棋牌可以陶冶情操”“唱歌跳舞可以愉悦身心”。因而，我们在老龄化社会治理过程中，要帮助老人们培养和发展自己的兴趣爱好，助力“乐享人生”的实现。

第八章　老当益壮——西安市高知老年群体“老有所长、老有所为”访谈实录

当前，我国已进入人口老龄化快速发展期。习近平总书记强调：要积极看待老龄社会，积极看待老年人和老年生活。树立和培育积极老龄观，就要用更加积极的态度、更加积极的政策和更加积极的行为来建设老龄化社会，实现“增长知识、丰富生活、陶冶情操、促进健康、服务社会”的养老目标。“老有所长、老有所为”是积极老龄化的最高价值目标，重视培养老年人兴趣爱好，鼓励老年人发挥积极作用，引导他们保持老骥伏枥、老当益壮的健康心态和进取精神，是新形势下我国老龄社会治理的优选方案。

与其他同龄老人相比，高知老年群体普遍具有强烈的社会责任感，他们当中不乏专家、教授、学者，以及党政部门管理经验丰富的行政管理人员，可谓人才济济。对于他们来说，更加渴望老有所为，希望在自己的有生之年利用自己的所学所长继续发挥光和热，为国家和社会多做些贡献。在这种情况下，应该鼓励他们走进老年大学、社会团体，提升老有所为的技能，丰富他们实现老有所为的路径，增加他们老有所乐的情趣，让他们在开心快乐中安度晚年。

编号31——85岁，男，著名流体机械专家

访谈对象情况简介：李教授，85 岁，浙江温州人，共产党员，西迁老教授，退休前为能动学院老师，长年从事流体机械领域研究工作。李教授 1951 年考入交通大学，在涡轮机制造专业学习并毕业后留校，1956 年随校西迁来到西安，1992 年被评为教授、博导，出版《热力原动机》《离心压缩机原理》及《轴流压缩机原理与气动设计》等多部教材及众多论文。如今，李教授与老伴一起生活，儿子和儿媳妇交

大毕业后在能动学院工作，孙子交大毕业在美国留学。李教授能够生活自理，平时喜欢写写毛笔字、弹弹电子琴，也时常出门打牌、做操。

访谈地点：李教授家中。

照片中李教授在自己家中接受学生们的访谈

具体访谈内容：

访谈者：李爷爷，您现在和谁一起居住？

李教授：和老伴一起居住，我老伴是交大校医院的医生，女儿女婿也在交大工作，是能动学院的教师。孙子嘛，也是从交大毕业的，我们一家五口都是交大毕业的，哈哈哈。我呢，从上海交大迁校到现在一直在交大，进了交大门一直就没出来过，哈哈。

访谈者：爷爷，您觉得自己近期的身体状况如何？

李教授：身体状况还可以，我 85 岁嘛，但生活能够自理，还能够出来打打牌、做做操，能够写写毛笔字，还能够弹弹电子琴，有时候也哼几句，唱唱歌。

访谈者：李爷爷，您太多才多艺啦！您是哪里人？

李教授：我是浙江温州人，1932 年出生的。我 1951 年考上交通大学，学习涡轮机制造，然后毕业后留校，又随学校西迁到西安，然后就一直留在西安啦。

访谈者：李爷爷，您也算是新中国的第一届大学毕业生啦！您当年是怎么学习的呢？能给我们分享些经验吗？

李教授：其实也没什么，慢慢读吧。不过我从小就喜欢学习，对学习有兴趣。我比较感兴趣的就是语文、数学、物理。我在大学里面学习是比较认真的，对自己要求高，学什么东西一定要学到手才罢休。另外呢，就是做事情比较认真。做事情不要拖拖拉拉，反反复复，要学就一次性学好。以前大学做机械课程设计的时候，我都是一次性画好，也不用橡皮擦什么的。这样做事情的效率就比较高。不过这需要事先考虑周到。能做到这一点也要求自己的功底要好。另外呢，考试的时候我准备也是比较周到的。准备充分到一个什么程度呢，就是你随便问我什么东西我都能知道。要到这个程度就说明我对这一门课程的学习是足够了。以前我们考试会有口试，我比较自信，认为自己学的都很到家，就愿意做第一个参加口试的。后来，我在交大当老师的时候，要求自己备课也不能出差错，备课的内容就要做到内容讲完恰好就接近下课了。在当时，我的课程是受很多学生欢迎的。板书也是一样，哪些写，哪些不写，要能够收放自如。呵呵，其实也没有什么，只要认真，大家都可以做到的。

访谈者：李爷爷，您是西迁老教授。当时您是怎么做出这个西迁决定的？

李教授：那时候没有别的想法。第一，我也不是非常向往上海的，我对于地域的概念比较淡薄，去哪里都是可以的。我本身又不是上海人。那时候听党的话，党让我去哪里我就去哪里。刚到西安的时候，那时候从交大出发进城的公交车只有 7 路这一趟，去城里都是坐这一趟车，而且学校南边都是农田、泥巴地。不过我们西安交大出去的学生在各行各业还是很厉害的，不论国内外，口碑也一直相当好。因为底子扎实，干劲也很足。看到他们发展这么好，我作为他们当年的老师，也是很高兴的。反过来，他们对我这个老师也很好。来了之后我就没有什么要离开的念头啦，就觉得西安交大需要我们，所以也就一直留在西安为学校做自己的贡献嘛。我们来了之后，精力就放在科研教学上了，也不太去什么上街啊之类的。反正就是在什么岗位就做好我自己的本职工作，不管外在环境发生什么样的变化。

访谈者：李爷爷，我们要向您学习。爷爷，您平时在家做家务吗？

李教授：我有保姆，平时能动呢也自己做。我和我爱人早已经退休，女儿女婿都工作，是老师，所以请了保姆帮忙做家务。保姆呢，主要是帮忙干干重活，打扫卫生、做做菜。这个保姆人非常好，我们对她很好，她对我们也很好。我们非常相信她，我们出门以后呢，钥匙就交给她，她一个人在家都可以，买菜的时候呢，从来都是钱交给她，不会跟她仔细算，她买多少钱就是多少钱。

访谈者：李爷爷，您现在跟孩子或者孙子之间交流多吗？一般聊什么话题？

李教授：我跟孙子主要是视频交流啊，现在嘛，IT 那么发达。一般都谈谈他自己在美国的学习情况和生活情况。我们嘛，也跟他谈谈他父母亲的生活情况和工作情况。他父亲呢，每天工作都非常忙，出差时间非常多。

访谈者：李爷爷，您一般会对哪些事情感到高兴呢？

李教授：首先，国家要强大，人民要富强，家庭要和睦。国家呢，现在也有一些问题，贫富悬殊太大，还有环境问题比较严重，土地、水、雾霾……而且这些问题治理起来不是一年两年，是五十年一百年。还有一个就是人的道德标准下滑，这些年呢，这个问题很严重。就老人摔倒来讲，报道上也有很大的问题，专门报道那些不好的事情，实际上呢，都只是少数，总的来讲，中国人还是善良的比较多。所以呢，我们的有些教育就要从小开始，我们的一些文明习惯都要从小养成。

访谈者：李爷爷，您对社会舆论和新闻都比较关心，一般您是从哪些途径了解到的？

李教授：我比较关心国内外大事，我每天看报纸，看电视的新闻报道，网络也用。

访谈者：您平时用微信吗？

李教授：不怎么用。我也有手机啊、平板什么的，也看看、玩玩嘛，那里面花样多得很呢。我只是掌握了一些基本的，其他的还不太会。

访谈者：李爷爷，您觉得社会对老年人态度如何？您觉得受到尊重了吗?

李教授：国家最近还是比较重视这个问题的，但我觉得还不够。现在家人都不在身边的老人很多啊，也出现很多的社会问题。社会上对这个问题呼吁很多了，但是做的还不够。有段时间中国人流行出国，像我的同事里面许多的孩子都出去了，现在开始后悔了。我好不容易留住一个女儿在身边，真的，现在人家都羡慕我。出国的儿女回来一趟都很不容易，他们在国外都有自己的工作、自己的家庭，回来也只是看看你，所以空巢老人是一个大问题。

访谈者：逢年过节的时候，会有学校里面或者以前的学生来看望你们吗?

李教授：学院里面都会来看望我们，也有一些学生打电话或者来看我们。现在有毕业30年校友返校活动，每次都会把我们老教师请去，我们也很高兴，他们也很高兴。这种活动只要身体能行，我都会参加。

访谈者：李爷爷，您退休以后对自己以前研究的领域还关注吗?

李教授：我也是关注的。我的研究生接我的班，开始呢有些问题也会问我，后来慢慢的，我离开这个专业时间长了，我知道的一些知识也老化了，也指导不了他们了，但我还是比较关注的。

访谈者：李爷爷，学校会组织定期的体检吗?

李教授：体检啊，学校里面有组织。

访谈者：社区里面有医疗机构吗?

李教授：学校有校医院。校医院在家属区有个家属医疗站，比较小的毛病比如需要打打针什么的，可以给我们提供方便。

访谈者：目前，咱们社区一般会提供哪些服务呢?

李教授：社区服务，这个我觉得一般。现在社区里老年人活动场所比较少，有时候活动场地会出现冲突。

访谈者：李爷爷，您说有活动冲突。社区一般都举办什么活动呢?

李教授：那就多了，有唱歌的、画画的，写字的也有。因为活动场所限制，就都要争这个地方呢。现在，我们交大退休的人比较多，四五千人呢，没有活动场所怎么行，没有比较大的地方怎么行！经常讲老有所依、老有所乐嘛，总得有个地方才能乐嘛。

访谈者：除了活动场所比较少，李爷爷，您觉得社区服务还有哪些可以改进的地方?

李教授：一个是社区的环境，社区环境还是问题比较大。社区呢，应当绿化的比较好。社区对绿化不太注意，草、树枯了，就看它枯死，也不来浇浇水，有的地方，荒草都长得很长了，也不来修修。我在一村住，一村前面有片绿化地，也经常这样子，树都枯死了，也看它枯死，枯死了在那儿也不换，草长得都是乱草丛生了也不来修剪，种的花也是……

访谈者：那像上面这些问题，李爷爷您有向相关部门反映过吗？

李教授：反映过，都不太有积极的回应，改进不多……社区的安全情况还可以，卫生情况也还可以，比外面好的多。

访谈者：李爷爷，您对我们现在的大学生有什么期望吗？

李教授：首先呢，要爱国，其次，要一起圆中国梦！

编号32——79岁，男，资深数学家

访谈对象情况简介：张老师，1940 年出生于山西省翼城县，1960 年加入中国共产党，南开大学数学系本科、硕士研究生信息化专业毕业，1967 年毕业分配到西安交大工作。张老师现在与老伴、孙子一起生活，生活能够自理，平时喜欢散散步。张老师虽然已经退休，但坚持思考数学问题，他关注和思考最多的还是交大研究生的发展和教育事业。

访谈地点：交大老年人活动中心。

照片中张老师正在接受学生们的访谈

具体访谈内容：

访谈者：老师，您高寿呀？

张老师：我 1940 年出生的，是山西省翼城县人。

访谈者：您目前和谁一起居住呀？您的子女都在您身边吗？

张老师：现在就剩我们老两口，还有一个小孙子。我有两个女儿，大女儿在加拿大，二女儿就在西安。他们都成家了，我现在就是给小女儿带孩子。

访谈者：孩子们多久回来看您一次呀？

张老师：小女儿就在西安，经常回来。大女儿在加拿大工作，每年会回来一次吧。

访谈者：大女儿给您生下孙子了吗？

张老师：大孙子也在加拿大那边，马上就上大学了。家里的这个小孙子已经 11 岁了。有个孩子在身边也不会孤单嘛，哈哈！

访谈者：您喜欢退休生活吗？退休生活有什么安排？

张老师：还行吧。现在最多做的事情可能就是上网。

访谈者：您上网主要干什么呀？

张老师：新闻我都在手机上看。我做科研会在电脑上，交大的科研资料还是比较丰富的。

访谈者：您现在还在坚持科研吗？

张老师：那当然了！

访谈者：您退休前是做什么工作的？

张老师：我的经历还是比较丰富的。我 1960 年就加入中国共产党，也就是上大一的时候就成了党员了。1964 年南开大学数学系本科毕业后，我又在南开读了信息论专业的研究生。1967 年，我研究生毕业分配到西安交通大学任教。1984 年开始担任交大研究生院的副院长，1997 年成为院长，2008 年被评为学校首批二级教授。

访谈者：老师，您真厉害！您是做什么研究的？

张老师：我研究了一辈子数学。我主持和获得过国家级优秀教学成果奖特等奖，还有一等奖一项，二等奖两项。这辈子呀，我发表了论文 200 多篇，其中国际知名杂志的有 46 篇，出版了《信息系统与知识发现》还有《粗糙集理论与方法》这些书。

访谈者：老师，您就是"学术大咖"呀，也就是大专家。

张老师：哈哈哈，我就是爱思考，有想法就写下来！

访谈者：老师，我们是书法专业的，数学对我们来说很难呀！您对我们的学习有什么建议吗？

张老师：书法专业很好也很重要呀！我们国家科技的发展与这种传统文化之间有着某种摩擦和博弈。我觉得现在科技能代替好多东西，但是代替不了书法。书法是中国的传统文化，我们小学就写书法，没有那么多的课程，但是书法是必学的。将来我国书法究竟走什么样的道路，这是我们要思考的问题。也就是我们培养了大量的书法人才，在以后社会上能充当什么样角色，能不能学以致用？

访谈者：您对我们的成长有什么建议呢？

张老师：哈哈，三句话，“知识很重要”“智慧比知识更重要”“身体比一切都重要”。

访谈者：您说得太好了！

访谈者：您对自己的退休生活满意吗？有什么要求吗？

张老师：我们这代人过去经过了一个非常艰苦的时代，很长一段时间物质生活不能得到保障，所以对于生活没有很高的要求。我觉得生活的要求是无限的，要生活丰富，关键是思想丰富，一个人要保持新思想的产生。

访谈者：您抽烟喝酒吗？

张老师：我不喝酒，但是生病之前抽烟。

访谈者：您现在身体怎么样？退休后的生活安排是什么？

张老师：身体不是很好，平时就是散散步。退休后学生有时会来问问题，每年他们有学生活动，我都会去参加一下。数学是一个非常伤脑筋的事情，特别耗费精力，而且数学是一个系统，陷入这个系统就无法自拔。我年纪大了，现在不敢让自己太陷进去。虽然我退休之后不能为社会做点什么东西，但还可以思考一些东西。刚退休那时候，学校领导会到我家里问我一些工作事情上的看法，然后他们去实践。校长、书记到我家来的时候，会问一些看法，我会把我的看法和观点讲给他们听。

访谈者：您当过研究生院院长，您对学校研究生教育有什么看法？

张老师：交大当时的学科建设就是现在规划的这些学科。从“985”挂衔到现在，已经 18 年了，18 年没有新的增长点，交大学科结构并未有新突破，这是一个问题。清华大学人文学科的一流学科有很多，我们这些学科还只是刚开始有个苗头。我们文科还是要好好发展、要重视，一定要教育共享，打破大学学科壁垒。

访谈者：那您对中国的教育有什么看法？

张老师：校园只是学生们衣食住行的地方。真正能享受到世界教育资源，这个时候中国的教育才可能有比较大的变化。是否享受教育资源是个人问题，能否享受到教育资源则是个社会问题。应该借助更好的师资、更好的教育平台，让更多的学生在网上进行学习，未来大家可以通过这些资源来更好地学习。

访谈者：您说得真好！谢谢您！

编号33——83岁，男，举办书法展、担任老年协会书法院院长

访谈对象情况简介：王老师，男，83岁，西安人，退休前教画法几何和工程制图，退休后喜欢书法、绘画，主要用透视法研究书法艺术，是老年大学书法院院长。老人配偶已去世，儿子在交大工作，女儿也在西安，目前独自居住，长期坚持锻炼身体，身体健康。

访谈地点：交大教工之家。

照片中王老师正在接受同学们的访谈

具体访谈内容：

访谈者：王老师好！您现在身体看起来挺硬朗的。您在这里平时有什么娱乐活动或者参加什么体育锻炼？

王老师：我现在身体还可以。过去是一直坚持锻炼的，基本什么运动都可以，像田径、棒球、垒球之类的，我当过棒球的投球手。你看交大那个场地是很方便的，有条件你们也可以投一投。

访谈者：王老师，您以前在学校是教什么专业的？

王老师：我是教基础课的，画法几何和工图制图。现在画法几何你们都不用了，它原来也叫投影几何，是制图的一个重要基础，要考验同学们的空间想象能力。后来因为太难了，就把它简化了，叫画法几何。我就教这个。

访谈者：那现在制图方面出了一个 CAD 软件，您知道吗？

王老师：对，我知道。我现在就是用透视法来研究书法和绘画。书画，你们知道，它讲究透视关系，特别是西方的绘画。中国画有中国画的原理。但是，我现在研究书法为啥这样写，因为有很深奥的几何元素。几何元素有线条关系，所以会显得非常美，符合我们的审美观、视觉关系。你像我们看到一个书法笔画线条，它不是水平的，是斜的，为啥？因为我们眼睛是焦点透视，都是斜的。如果是平的，那就跟印刷体一样，没啥意思了！

访谈者：王老师，您现在的退休生活除了研究书法，平时还玩些什么呢？

王老师：每天下午，你像我们住的那栋楼，都会开会。多数时候，我们都会交换看法，你今天了解了什么新东西啊，我开了什么会啊，大家讨论讨论、交流交流。我聊书法聊得比较多。我担任老年大学书法院的院长，这次老年活动中心的书画展，里面就有我的几幅字画。

访谈者：你们退休老教授，对我们当代大学生有什么看法？有什么想对我们说的？

王老师：我觉得你们现在最重要的是把基础打好，要重视英语、数学，这些都是非常非常重要的。数学理论都弄通，外语口语一定要练好。要对自己要求严格一点。一定要利用好自己现在具有的条件，把跟自己专业相关的软件都学好，不然将来人家给你工作都拿不起来。论语不是说么：“学而时习之，不亦说乎”，就是要不停地学习，脑子是越用越好，你只要往里塞知识，它就会给你处理，学多了以后，你说话呀、写字呀都会比较自然。你像“少壮不努力，老大徒伤悲”“及时当勉励，岁月不待人”，这些话都很有道理。学习就是踏踏实实的，一定要动手动嘴动脑。虽然人生有起伏，但是要努力，一定要努力，还要看远一点。

访谈者：那您现在朋友多不多？平时常跟他们谈心聊天吗？

王老师：不是有句话么，“人生要有三老：老本，老伴，老友”。家里没有人的时候，一个人怎么办？找朋友来说话，有啥事情可以打电话找朋友来帮忙。你如果和人不来往，这就完蛋了。再一个就是“人不知而不愠，不亦君子乎”，意思就是不要太在意，心一定要放开，心放开之后，人生也好，学问也好，也就成功了。

访谈者：那您现在和子女生活在一起吗？

王老师：我和子女是分开住的。我儿子是交大计算机中心的，不在这边住，下班就回家去了，有时候来我这儿看看。我女儿也在西安，会一个礼拜过来给我买点菜呀，看一看，晚上一般回去睡。我和孩子们之间比较自由。

访谈者：那您现在有空闲还回交大看一看吗？看看自己上课的教室？

王老师：会呀！我们有时候还同学聚会呀，写个诗啊之类的。交大我每天下午都过去，身体好的时候我们要走到南门，再走回来。最好年龄大了以后自己能有个爱好，不管是艺术也好，语文也好，爱好可以打发你不愉快的时间，当你感到消沉的时候，能帮你恢复精神活力。

访谈者：您平时会接触网络方面的东西吗？比如刷刷朋友圈、看看微博、给朋友点个赞之类的？

王老师：我用手机在网络上给朋友留言，但点赞不太会，点赞太花时间。我就是会在老年大学书画院微信群里通知一下去哪儿开会。晚上偶尔会用计算机，只看半个小时，看些自己喜欢的。看多了，太浪费时间了。

访谈者：您平常的时间是怎么安排的？

王老师：我的时间安排是这样的：早上我去看朋友，下午我给别人写几张字，晚上我还要自己写点东西，九十点就看看电视、看看手机。

一个是泛泛地看看，有没有感兴趣的东西，另一个是扩展一下知识。我现在网上的交流很多，网络我用的还可以。

访谈者：王老师，您退休以后，学校、单位对您的生活有没有什么照顾？学校会组织人过来慰问或安排活动吗？

王老师：我现在年龄大了，但还不是很大的，我看对那些年龄更大的老师，学校会有什么爱心社啦公益性社团来看看，来帮着打扫一下卫生，这个我觉得还可以。但是这个不能成为学生们的负担，我不是觉得打扫卫生不好，是觉得学生们来了之后可以跟老师们聊聊，老师教你们些知识、对社会问题的看法，这样可以扩大你们的认知。对你们学生来讲，也可以和老师交朋友，老师能帮你们很多。

访谈者：那就是说老师们更希望是精神方面的沟通交流，而不是简单地打扫卫生？

王老师：我觉得这是双方面的、互助的。如果光是劳动力的话，比较单调。你帮了他的忙，他也能跟你聊聊。但是关键是大家要有个公共话题，有个共同的爱好。

访谈者：王老师，您现在对社区的服务觉得满意吗？

王老师：总体上还可以，交大的环境还是很好的。交大是个事业单位，条件很好。国家也是努力在解决很多问题，比如医保，国家给你摊钱，平时感觉不到，等你生病了就感觉到很多福利。

访谈者：那您生活上有没有什么不顺心的地方？

王老师：我都很好呀，生活上也不缺，都很顺的。不过还要注意身体，身体好啥都好。如果身体不好，子女不在身边，自己就很难照料自己了。

访谈者：您平时是自己在家做饭还是吃食堂？

王老师：我是自己在家做饭吃。每周啊我自己蒸点包子、馒头啊，做点小菜啦，这些也就够吃了。老年人得注意饮食，像凉点心、月饼或生食，这些都不能吃。

访谈者：那您有没有缴纳养老保险之类的？

王老师：我们不缴，因为我们是计划经济下的，但是后来的教师都交了。

访谈者：王老师，您觉得现在老年人是物质更缺乏还是精神更缺乏？

王老师：现在啊，大部分在精力方面不充沛，就是说身体这方面不太好。最怕家里没人或者老伴不在了，老人就会感觉特别低落，这都是正常现象。老人也可以从古诗文中吸取精神力量。

编号34——73岁，女，创建老年舞蹈队，组织汇报演出

访谈对象情况简介：刘老师，73 岁，退休前为交大人事处老师。目前，刘老师和老伴一起居住，育有一儿一女，女儿在北京工作，儿子在深圳工作。刘老师业余生活丰富，喜欢跳舞，练太极拳、太极剑、太极扇，并从 2010 年建立了交大退休老师舞蹈队，经常组织舞蹈队参加各种演出。此外，刘老师还积极参加学校退休办举行的其他活动。

访谈地点：社区广场舞中心。

照片中刘老师与访谈学生们合影

具体访谈内容：

访谈者：刘老师，您现在自己一个人住吗？

刘老师：和老伴一起住。

访谈者：您吃饭一般在哪儿吃，是自己做还是在食堂吃？

刘老师：一般都是自己做。

访谈者：您原来在交大做什么工作呀？

刘老师：我是在人事处工作的。

访谈者：看您身体很好，平时经常做什么锻炼？

刘老师：我打太极拳，还有练太极扇、太极剑。女儿清华毕业以后留在北京发展，并在那里安家和生了孩子。我去北京照顾孙子，有时间就跟社区里的老人一起学跳舞，发现跳舞也挺有意思的。回到西安后，就看着咱们这个小区特别冷清，打太极拳的没有几个人。又看到有人在校外跳舞，挺起劲的，然后就把家里的音箱拿出来，开始招呼大家一起来跳舞。就这样，逐渐把舞蹈队带起来了。后来，参加舞蹈队的人越来越多，最初只有五六个人，逐渐发展到二十几个人，现在已经有四五十个人了。所以，我这个舞蹈队从 2010 年成立一直坚持到现在。

访谈者：七八年了，也不容易啊！

刘老师：对。最开始嘛，就是我一个人，搬机器、调机器、拿 U 盘，全是我一个人做，反正是万事开头难。后来舞蹈队人越来越多。我就在跳舞的过程中，发掘跳舞好的老师，安排他们做教练，做组织者，就这么把这个班子组织起来了。这样的话自己也就轻松许多。所以这些年一路走来，又要管一家，又要管舞蹈队，生活挺充实的。我有时候去北京，就会对舞蹈队的重要活动进行电话指挥。比如说要跳一支新舞，我必须要审查，看看哪些动作不符合老年人的身体状况就要修改。反正就是远了电话指挥，回西安以后就亲自指导。现在退休办对我们这个舞蹈队很重视，经常组织我们参加演出。最近退休办在交大宪梓堂的年度汇报演出，我们这个舞蹈队就是压轴节目。

访谈者：除了舞蹈活动，退休办还举办其他活动吗？

刘老师：有。平时各种活动就在退休办的广场举行，我们平时锻炼也在那儿。

访谈者：很多退休老教师都会参加退休办的活动吗？会参加舞蹈队吗？

刘老师：是的。我们舞蹈队里有教授、副教授，也有搞行政的，实验室的。什么层次的人都有，也有家属。我们这儿既属于社区管，也属于退休办管。所以我们这个舞蹈队，可以算作在退休办最大的一支团体了。每年退休办搞一次宪梓堂汇报演出，或者在广场这儿的演出，我们舞蹈队都有表演。每个星期四是"教工之家"的活动日，我们也会在教工之家搞活动。汇报演出时，我会找些舞蹈队的骨干来参加，平时大家谁都可以来参加舞蹈队的跳舞活动。

访谈者：那你们是跳各种舞还是只跳广场舞？

刘老师：啥舞蹈都有！我们每天早上先跳健身操，然后跳广场舞。这两天我们开始学水兵舞。我们就是在网上找好视频，先发给大家看和学，大家要是觉得好，我们就开始集体学，大家学得都挺快的。我们舞蹈队队员年龄跨度大，有七十多的，有八十多的，有六十多的，还有五十多刚退休的。年轻的可能跳得好一点儿，学动作快一点儿。年龄大的就是慢点儿，但能跟上就行了。这些人都喜欢得不行，很多人学习很认真。

访谈者：学校退休办还有社区服务中心，他们会不会给咱们舞蹈队提供一些福利？

刘老师：当然有。比如说每年一次在宪梓堂举办的退休教职工文艺汇报演出，学校很重视，有三四千人参加，演出节目都是经过层层筛选的。我们的节目经常是压轴节目。其他的节目还有戏曲、合唱、唱歌什么的。当然，每次演出后，退休办也会给参加演出的人员送些礼物。

访谈者：咱们退休老师每年有没有什么免费体检之类的活动？

刘老师：有，咱们学校对退休老师组织一年一次的免费体检，老师一分钱都不用交。

访谈者：您有没有购买商业医疗保险？

刘老师：有，买了医疗保险。

访谈者：那您平常玩电脑或手机吗？

刘老师：我平常用 iPad，还喜欢用微信。我有空时还会教其他老教师怎么用手机。我的儿子女婿也常教我些新东西。

访谈者：那您平常除了跳舞，还在家里做什么？

刘老师：做点家务，熬点中药养养生。老伴出去打太极拳时，我也出来散散步。晚上也有时候出去开开会、学习学习，时间过得还是很快的。

访谈者：您有什么业余爱好呢？

刘老师：我会在网上扒些舞蹈视频，选出来推荐给教练，然后大家一起跳。我现在眼睛不太好了，看书比较少。膝盖也不太好，但是不服老，每天都坚持锻炼。我觉得每天活跃活跃，过着也挺开心的。

访谈者：您的子女常回家来看望你们吗？

刘老师：他们平常有时间会来看望我们，这不刚还在这儿，转了一圈走了。儿子现在生活在深圳，从事电脑行业的，有空就回来看看我们。

访谈者：你们常会和孩子沟通交流吗？

刘老师：经常地沟通，我们相处方式很随意。女儿才从美国回来，给我带了礼物，平时可以随时视频聊天，都很方便。虽然不住在一起，但儿女都很孝顺，常回来看我们。

照片中老人们正在跳广场舞

编号35——83岁，男，省竞技麻将协会副主席

访谈对象情况简介：男，83 岁，陕西人，大学学历，中共党员。退休前为西安交通大学教授，研究领域为计算机，会熟练使用电脑、手机，会微信、视频聊天。老人退休已 22 年，目前与老伴一起住，有一儿一女，女儿是小学校长，儿子外出做生意，孙子、孙女也都已开始工作。老人擅长竞技麻将，是陕西省竞技麻将协会副主席，还喜欢摄影、音乐、打篮球。老人身体健康，不抽烟，每天喝少量红酒。

访谈地点：交大老年人活动中心。

照片中老人正在与学生们亲切交谈

具体访谈内容：

访谈者：爷爷，您好！您是哪里人呀？

老教授：陕西大荔的。

访谈者：爷爷您现在是一个人住，还是和老伴一块？

老教授：和老伴呀。

访谈者：就你们俩啊？

老教授：儿子有他的房子，女儿也有。

访谈者：他们也都在西安吗？

老教授：都在西安。女儿是咱们学校管理学院毕业的，现在是小学的校长，女婿是财院的教授。儿子本来是交大的职工，现在跑出去搞公司了。

访谈者：那您现在有孙子了吗？

老教授：我孙子 26 岁了，已经工作了，干啥工作我不知道。我外孙女也工作了，在思源学院工作。

访谈者：哦，在思源学院工作。是靠近秦岭的那个吧？我哥在那边上学。那您经常在这边打麻将吗？

老教授：我是竞技麻将陕西省协会的副主席。

访谈者：哦，您真厉害！那您一般胜得次数比较多，是吧？

老教授：胜得比较多，这一次也是我胜。它是竞技麻将嘛，国家专门出了一本书叫《竞技麻将比赛标准》。竞技麻将有很多规则的。

访谈者：那和咱们的普通麻将有啥区别？

老教授：不同的是这个麻将带有竞技性，也就是技术性比较强。一般麻将反正碰碰吃吃胡了就行，它不行，它必须够八分才能胡牌。我们在专业中叫八幡，够了你就胡牌，不够你要胡了就罚。我们经常在这儿打，咱们学校每个月麻将协会都会举行比赛。2002 年我们这儿就正式成立了分协会，我们是陕西省最早成立的。

访谈者：挺久的了。那您负责组织这种比赛吗？您也参加比赛吗？

老教授：竞技麻将比赛经常有，全国有，世界上也有。国际比赛我没去，全国比赛我参加过。因为这个麻将比赛啊，确实有一个特点，就是随机性，也就是说还有一些运气的成分。

访谈者：您子女都在西安，那您经常见他们吗？

老教授：嗯，儿子经常回来看我。女儿，因为她整天出去开会比较忙，见得就少些。就像今年这个中秋节，她几乎没有回来。大家都忙，可以理解，年轻人都忙。

访谈者：那他们每周给您打电话吗？

老教授：嗯，我女儿经常打电话。我那个外孙女也是经常打电话，也回来看我、给我买东西，她是我带大的。

访谈者：都是您带大的！就是像我，我也是外婆外公带大的。

老教授：我把她带大，所以感情特深，经常问这问那的。我们老了，只要身体好，她就高兴得不得了。她自己有车，时常开车过来看我们。

访谈者：您是最早那批西迁过来的老师吗？

老教授：不算是吧！我大学毕业后，1987 年到北京的中国科学院计算机研究所工作，工作了一年回来，创办了交大计算机专业到现在。

访谈者：交大计算机专业这几年发展还可以吧？

老教授：不错！当时国家只有六所院校有计算机专业，最早是交大、清华、北大、哈工大几个学校开始创办这个专业的。没有专业教师，就把青年人抽去学习。

访谈者：那您和老伴经常参加什么活动？

老教授：我是经常玩麻将，我老伴喜欢锻炼。

访谈者：就是出去跳广场舞还是干什么？

老教授：不，她就是出去走一走，到兴庆公园，沿着湖走几圈啊，就是这样。

访谈者：是和其他老人一起的吧？

老教授：不，她走路快。一般人跟不上她。

访谈者：您老伴多大了？

老教授：75了。你见了她，你就知道。

访谈者：其实看您也不像83岁。

老教授：我们会养生，心态好！其实心态好最重要，再一个我家里如意，啥都顺。

访谈者：那您经常有和子女视频聊天吗？

老教授：有，我手机、微信都有。因为我是搞计算机的，这些我都会用。你们知道不知道，搞计算机的人逻辑性特强，思维逻辑、心理逻辑、数理逻辑，都讲逻辑性。所以我喜欢拍照，喜欢摄像，喜欢轻音乐。年轻的时候在学校，我是我们系篮球队的，我喜欢打篮球。

访谈者：那您打后卫还是前锋？

老教授：我打后卫。中学的时候我喜欢长跑，跑十几公里，都是第一名。我是在大荔中学念的书。

访谈者：那您就是身体好！您有没有什么抽烟喝酒的习惯？

老教授：我不抽烟。红酒是这几年我儿子、女儿拿回来让我喝的，我每天喝的很少，只喝十毫升。茅台酒的那个杯子一杯就是十毫升，所以我按照茅台酒杯这个量，要每天喝十毫升，这样不伤身体，我跟我老伴都唱。

访谈者：那您家里就您两个人，有没有请保姆或钟点工？

老教授：我们自己的活我俩抢着干！我要做饭，我老伴不让我做，她说她来做。她基本上就属于不希望我在厨房做事。

访谈者：您觉得您做饭好吃还是老伴做饭好吃？

老教授：她做饭好吃。现在就是我负责外勤，买东西啥的。她负责做饭、打扫卫生。我想打扫卫生她也不让我打扫。我偷偷地擦窗户，擦了还要挨骂。因为她嫌我擦得不干净。这样抢着干活儿，大家高兴。

访谈者：哈哈哈，这太难得啦！那退休办有给您什么服务吗？

老教授：我觉得我们退休办还是对我们挺关心呢。第一，对我们搞竞技麻将比赛很支持，我们每月比赛一次，每年过节组织大家比赛，退休办奖励大家参加比赛。这一次重阳节比赛，有人得奖了就奖励。退休办给大家提供这个场所，大家来活动，很不错。第二，（退休办）每年组织大家散步，春天组织大家运动，很不错的。

访谈者：退休办有什么免费体检之类的吗？

老教授：今年是免费的，过去都是每人交十块钱。

访谈者：那有啥检查项目？检查得很细吗？

老教授：检查是很细的。我是身体好，血脂、血糖、血压都很正常。你们医学院的同学星期六还来我们这里，义务给大家检查。

访谈者：您年轻时候身体基础好嘛！

老教授：我每年检查指标都很正常。

访谈者：那咱们这边有社区医院吗？政府有给您什么补贴吗？除了您的养老金还有别的吗？

老教授：咱们学校的这个养老金分两部分，一部分是你的工资，这是国家发的，还有一部分属于学校补助的，这两部分加起来是总工资。实际上，学校的补助经常给大家增加一点，前年给大家增加一千块，国家那一部分工资这几年增加了百分之二三百。

访谈者：您退休已经多少年了？

老教授：退休到今年 22 年了。

访谈者：那就是九几年的时候退休的？

老教授：1996 年。实际上我还要再晚几年，因为我带的研究生没毕业，我必须把他带毕业了才能退休。那个时候就是返聘，实际上我又工作了几年，把我的研究生送走了才退休的。

访谈者：那您肯定是桃李满天下！

老教授：因为我的研究生有在加拿大、美国的，他们经常给我打电话，让我去玩一趟。我年轻的时候整天搞科研、出差，因为大学教师除了上课还要搞好科研，没有科研成果不能升职称的，所以那个时候就在外面经常出差，到各个地方，去上海造船厂给他们搞一个图形显示器，给北京自动化所……这就经常到外面跑，我全国除了西藏没去过，其他省都去了。所以说，我退休以后到哪儿，玩兴都不是很大。

访谈者：那您的学生会回来看您吗？

老教授：有！今年校庆来看我的有十几个，都到我家来看我了。那个时候这些孩子们确实不错。你看咱们中央政治局七个常委都是那个时候上山下乡插队的。这些人为啥优秀呢？他经过那一番锻炼，他知道什么叫上进，什么叫这个国家的基础是群众，什么叫真正地为人民服务，所以他们干起活很不错！那一代孩子出人投地的特别多，原因就是他家里生活比较困难，他就有一种要奋斗的精神。所以对于农村孩子来说呢，出路只有一个，就是要奋斗离开这里。

访谈者：爷爷您觉得现在我国的计算机专业发展得怎么样？

老教授：计算机发展本身受到好多限制，因为像电子学方面的，美国在世界上把技术垄断了，还把我们国家一些很有水平的人才也给“挖”过去了。像在美国学的好的中国人，它不让你回国，给你高工资，让你给美国服务。得克萨斯州不是有硅谷吗？70%的计算机留学生就留在那儿了。现在这几年好一些，把回国的叫“海归”吧，也就是说，青年人一看在中国有发展前途，他回来了。过去他不回来，这种情况让我们国家的计算机技术发展受到限制。

访谈者：看您这么关注新闻，您一般是通过什么渠道来看新闻的？

老教授：我是计算机专业的，一般我都上网看。先到新浪网看军事，然后是中央台，有时候也上凤凰网。陕西的、西安的事情，我关心我身边的事，比方西安地铁1号线、2号线啦，现在地铁1到15号线怎么设计怎么走呀。

访谈者：那您退休以后还在做研究、写论文吗？

老教授：刚退休时我还当顾问，还搞一些科研什么的。像我刚退休的时候，各个银行都开始安装监控系统、摄像头，那个时候懂的人很少，他们不懂，我就要过去指导他们怎么弄。2002年以后，我基本上不参与了。学院还会拿那些毕业设计啊、研究生答辩啊，把这些东西送来叫我看，让我去参加答辩。最近这些年，我都不参加了。现在重要的是要保养好身体，多活两年。

访谈者：那您社区里面肯定会有好多老朋友吧？

老教授：嗯，很多的！每年竞技麻将比赛都请我去做裁判，我也经常认识各个厂的、企业的朋友。我们经常在外面一起吃饭。这两年我不去了，我老了。我觉得我吃家里的饭舒服，外面口味相差太大，再一个消化不了。

访谈者：如果子女有什么大小决定的话，会听取您的意见吗？

老教授：基本上我培养的孩子都是独立的。他们决定干什么事情都是自己决定了跟我说。

访谈者：那您有医疗保险这些东西吗？

老教授：医保我是不占便宜的。为什么呢？我医保就是每月一百多块钱，就是社会发的。因为我们学校现在对一些病，比方说有心脏病的、冠心病的、高血压的、糖尿病的，还有什么一些特殊病的，人家那叫慢性病医保，就可以申请特批。高血压的就要经常吃药，心血管病也要长期吃药，国家就发给你卡，每月买药可以报销。我因为没有这些问题，所以用不上。

访谈者：您觉得现在对老年人群来说，这个群体面临的主要问题是啥？

老教授：老年人这一点，现在主要的问题，这个要分层次的。教师这一层，现在多数是无忧无虑地养老，好多人都是在国内国外到处看一看，回来大家聊聊天。还有一层是行政人员，他们由于不是技术岗，按行政岗，那个工资就不是很高。还有一层就是工人，工人的工资不是很高。但是他们也不突出，也没啥。因为在交大这环境里，生活困难的几乎没有，现在房子也都有了，这新房才 2760 元一平方米，是安居房，不是商品房，所以就收一个成本价。

访谈者：所以相对于校外的退休职工来说，交大对咱们退休教职工还是很有保障的对吧？

老教授：咱们学校最大的好处就是学校没有把退休的人员推到社会上去。咱们退休人员现在是学校管，工资除了国家给的那部分外，比方春节、端午节、中秋节、国庆呀，学校给大家慰问金，大家都可以拿到，大家都可以感觉到学校的关心。再一个在学校检查身体、看一些小毛病的也方便，这些都不错的。从这一点来说，咱们学校还是比较好的。当然了，咱们学校的校友从交大毕业后，每年给学校的贡献也相当大，赞助也是蛮可观的。有一年是八个多亿元赞助费，这样的话，这些钱应该是学校支配比较好。

访谈者：那您对于闲置的钱会有什么安排吗？

老教授：一般的就存到银行买国债。人家说的投资，我不感兴趣，我觉得风险比较大。

访谈者：那您觉得现在社会对老年人尊重吗？

老教授：应该这样说，不尊重的是极少数，多数来说还是不错的。比方说，前几年我上了公交车，有些年轻人给我让座，我说"谢谢你，别给我让了"。感觉像我欠人家人情似的，我宁愿站着。但这几年就慢慢接受了。整体来说，我觉得我们国家这几年发展好，人文素质提高得也很快。

编号36——82岁，男，热情工作的工程评标专家

访谈对象情况简介：82岁，男，建筑学专业，退休前任职于交大基建处，也是学校的教授、高级工程师。老教授退休后被返聘，一边继续教书，一边担任陕西省西安市建设工程评标专家组评委。现在，老教授与老伴一起生活，老伴也是交大经金学院的教授。老教授身体健康、精力充沛，热爱锻炼，喜欢打羽毛球。

访谈地点：老人家中。

老教授正在接受访谈

具体访谈内容：

访谈者：请问老师今年贵庚？

老教授：你们先猜一下吧，猜猜看。

访谈者：66岁？

老教授：呵呵，差太远了！

访谈者：90岁？

老教授：太老了点。你把这俩平均一下，今年82岁了！

访谈者：请问您在退休前是从事什么工作的呢？

老教授：我是学建筑的，退休前在学校基建处干过，后来就在省工程设计院工作。

访谈者：那您退休前的工作主要是什么？

老教授：建筑工程造价、评标。比如说，这个公园建起来，它的造价是多少，怎么结算，工程质量如何。

访谈者：那您退休后还从事这方面的工作吗？

老教授：退休前我是学校的教授，退休以后学校就返聘我回去继续工作。我现在是一边返聘教书，一边在社会上也做一些工作。我现在仍然是陕西省西安市建设工程招标投标专家组评委。

访谈者：那您在闲暇之余，还有没有其他活动安排？

老教授：当然有的，有空了我就打打球啊，活动活动什么的。但是比如说昨天我为什么来不了呢？就是我要到省里评标去。昨天我去高新区评标，前天下午还没有评标要求。因为评标有保密和公平的要求，所以让我评标的这个具体任务只会在评标前才告诉我们在哪儿、什么时间、什么内容。退休之后还要更忙，像评标是兼职，此外，我还帮一些房地产公司做一些评估工作。

访谈者：那像您这么忙，一个月大概能赚多少钱呢？

老教授：我要是上班的话，现在大概等于我原来上班时候工资的两倍。我的退休金是7000元，如果我要在外边上班的话，月薪就是15000元，另外还要做评委评标，评标陕西省是要付费的，平均一个月就有四五千，如果当顾问的话，也有6000~8000元这样子。也就是，我除了退休金外，一个月收入也差不多能过15000元。

访谈者：那您觉得您之所以能拥有幸福的晚年，原因是什么？

老教授：因为我把建筑学和金融学融汇贯通了，我把从设计、招标、施工质量、材料价格、总造价、土建等都学会了。这个就像练书法一样，当你做得久了就知道门道了，就能贯通这个领域了。像我原来最早在省建总公司，后来，交大要我做教授，原来的单位吊了四年才放我走。因为我是那个公司经理的后备人选，人家不想放我走。

访谈者：那您爱人是做什么工作的？

老教授：我老伴是交大经金学院的教师。

访谈者：您爱人也退休了吗？还是在岗位上坚守？

老教授：我爱人也是退休返聘回去的，每天都很忙，有不少工作要做，还要带研究生实习。

访谈者：那您工作这么久了，可不可以给我们讲讲您的成就？

老教授：当然是可以的，就说几点吧。西安电影院的建设我参与了，我也参加了咸阳彩电厂的建设，等等。我的同学还参与建设西昌卫星发射中心建设。

访谈者：那您平时喜欢体育锻炼吗？

老教授：我在中学就喜欢体育运动，所以干到现在我的身体还是很好的。你平常经常锻炼，身体肯定没有什么大的毛病，肯定比其他人要好些。我没有练过举重，但是在大学的时候我的臂力就是一百公斤。这个力量平时多锻炼很快就能提升。我现在做俯卧撑，随便能做二三十个。我住在 12 楼，回家的时候，我根本就不坐电梯，我坚持走上去，我爬 12 楼都不用大喘气。哈哈哈，我是属于我这个年龄段的人中身体比较好的。

访谈者：您太厉害啦！那您有几个孩子呢？都在您身边吗？

老教授：我的两个小孩都是在交大读的博士。我的大儿子已经博士毕业，现在到国外去工作生活了。我还有一个小女儿，小女儿正在做博士毕业答辩。

访谈者：您孩子培养的真好！那您喜欢您的退休生活吗？

老教授：我觉得退休生活很好！每天都是很开心的。

访谈者：您退休后还关心您专业方面的事情吗？

老教授：那肯定的。就要把自己业务上的事情搞清、搞精。你看我现在还要学习新的东西怎么用，我还上网查各种材料的价格变动。我有很多老朋友在相关部门工作，我们经常联系，像我们的工作单打独斗是绝对不行的。

访谈者：您的子女都在您身边吗？

老教授：我儿子在国外，一般三四年才回来一次。他们的休假和我们不一样，比如我们是春节放假，他们是圣诞节休假，而且都有自己的事业，回来的时候很少。女儿在学校，想我们了就回来看看，她一般都是在学校忙学习上的事情。

访谈者：您和老伴生活都能自理吗？

老教授：我跟你说生活自理，那根本就不用问这个问题！我认为我体能不输给 50 岁的人。我刚才不是说了嘛，能一口气走上 12 楼。

访谈者：哈哈，您平时会不会自己做饭、自己做家务？

老教授：我这么跟你说，搞建筑的人都是美食家，哈哈哈。

访谈者：那您和您爱人有医疗保险吗？或者你们平时会买一些保健品吗？

老教授：你们看我的身体这么好，跟医院没有缘分，哈哈哈。我跟我老伴也不相信保健品，我们把锻炼当做最好的保健品。医疗保险肯定是有的，但是用到的时候并不多。

访谈者：那您和您的爱人有没有什么理财计划或者购买了什么理财产品吗？还是您比较喜欢把钱存到银行里呢？

老教授：我和我爱人都没有理财的观念，有钱就存到银行里。我女儿说要帮我们理财，那我就给了 100 万让她去理财嘛。我们家老大已经出国了，有自己的事业，也不需要我们的支持。你要挣那么多钱，有什么用嘛？我们两个人退休的工资加起来一个月也够花了，不存在钱的问题。

访谈者：您和老伴因为孩子的事情有过分歧吗？你们都支持孩子的事业吗？

老教授：我俩从来没有吵过架，我也从来没有打过孩子。我们家是民主家庭，什么事都可以商量着来。我们肯定支持他们有自己的事业，那必须支持。

访谈者：那您觉得是您现在的生活好还是工作的时候生活好？

老教授：那肯定是现在的生活好啊，又自由又悠闲，收入又高，比工作收入还高。

访谈者：那您平时遇到一些开心的事情会和谁一起分享呢？

老教授：我觉得我现在的生活每天都很开心，特别开心。也没有好像杜甫说的"家书抵万金"那种突然的喜悦，但是也没有烦恼了。我现在没有什么大喜大悲的感觉，比如说上次我坐飞机，飞机在6000公尺上风雨漂泊，颠簸得厉害，把好多年轻人吓得脸都白了，我说全当荡秋千了！哈哈，我已经到宠辱不惊的境界了。

访谈者：现在如果您遇到困难的事，第一个想到的是和谁说？或者说想要得到谁的帮助？

老教授：我现在也没有什么特别的困难。比如说，如果我爱人病重了，那该住院就住院，该花钱就花钱。我肯定是靠自己的，平时该干啥干啥，想吃什么就吃什么，真的到了那天也不怕什么。人生下来都是要经历一切的，年轻的时候该奋斗的时候要奋斗，自然而然，水到渠成。

访谈者：您平时会有一些老朋友吗？和他们一起聚一聚？

老教授：我的朋友挺多的，有很多是业务上的朋友。娱乐上，有一帮老朋友，水平相当的一起打打乒乓球。像我们这个年纪的人不喜欢聚在一起吃吃喝喝，一起喝喝茶倒是有的。你看不同的年龄习惯是有不同的，像你们就习惯大家一起多聚聚，像我们就是工作上的一些联系。到了这个年纪，喜欢的和年轻人不一样了，不像年轻人喜欢轰轰烈烈，我们就是想平平淡淡的。

访谈者：当您需要做一些决定的时候，您比较希望谁支持您呢？

老教授：首先，生活上的事情和工作中的事情肯定要分清。比如说一个家有什么问题肯定是在家里头解决，像我们一般不指望社会的支持。为啥？首先我经济上没有问题，那我就不需要社会来帮我解决问题。具体情况具体分析吧，肯定还是希望爱人和单位的支持。

访谈者：您会用微信一类的新工具吗？您会学习使用新的通信工

具吗?

老教授：会用，但是我不喜欢用，太浪费时间啦！我肯定要学会使用一些新的工具，不然怎么跟上年轻人，怎么能把工作做好呢。

访谈者：那么您的孩子会把他们的孩子交给你们带吗?

老教授：我儿子有3个小孩，都是在美国。这两个国家教育理念不一样，所以我们一般不掺和孩子的教育问题，像我儿媳现在就不工作了，专门照顾孩子。

访谈者：那您退休之后还在关注国家的政策吗?

老教授：国家的各种政策我还在关注。

访谈者：您觉得社会对老年人关注的多吗？社会对老年人足够尊重吗?

老教授：社会也关注老年人，但是它不会影响我的生活。首先，我觉得是老年人自己要尊重自己，自己关爱自己，不要经常去麻烦别人。比如说，我坐公交车，我就不喜欢别人给我让座。我就觉得你能坐公交车，你就要有坐公交车的这个本事，没有这个本事你就打的、坐地铁，不要去挤公交，你挤公交就说明你有这个能力。在公交车上，如果是女同志、女学生给我让座，我一般就说“谢谢你不需要让座”。可能观点不一样，我不要别人给我让座，我自己认为我的体能不比年轻人的差。

访谈者：那您对子女的发展满意吗?

老教授：他们已经都博士毕业啦，我才读本科，学历比我高多了。他们自由发展，我对他们的决定不干预，绝对支持。要钱我就给钱，要想问家里要主意，我给他建议但不帮他做决定。为什么呢？年轻人要让他们去闯，他自己去做，他如果做对了，那说明他认识比我先进，如果是碰到困难，他自己会总结。都已经博士毕业了，还有啥大问题？也不用我们去操心。而且我对他们说，你们毕业以后给你们每人一套房一辆车，其他的自己努力去。应该说，我这个家长也尽到力了，我觉得对年轻人来说他也应该觉得够满足了。

访谈者：您会给您的子女规划他们的人生吗?

老教授：不会，一切他们自己拿主意。毕业以后，你们需要房子，我们给你买三室两厅的，不会让你受委屈，给你一笔钱做启动资本。我跟他们说过，你如果是工作就一心工作，不要考虑挣钱这个问题，需要钱，我们还可以给你200万，就是一心想工作，不要去想钱，把工作做好，把科研做好。所以对小孩来说，他的这个家庭环境不一样的话，他的指导思想也不一样。我就说，你们只要一心学习、好好搞科研，不要有那么多杂念。

编号37——67岁，男，电气学院退休教授

访谈对象情况简介：毕老师，男，67岁，电气学院退休教授。2005年被聘任为中国仪器仪表学会常务理事，也使交大成为中国仪器仪表学会理事单位。现为西安交通大学老科协老教授协会教授，平常喜欢画画。

访谈地点：交大一村社区。

照片中是毕老师现场完成的一幅自画像

具体访谈内容：

访谈者：毕老师好，看您精气神真好。您退休后是怎么安排退休生活的？

毕老师：我现在虽然退休了，但还承担着咱们学校的相关研究项目。两项教改项目，一项是研究生的，叫“嵌入式系统设计开发课程建设”；另一项是本科生的，叫“智能仪器电路设计课程建设”。这两个教改项目，一个是要求做出整个实验、仪器设备和试验程序的设计，然后写出教材。这个教材都已经写完了，要出两本书，第一本书已经出版了，第二本书也已经审完交给出版社了，也就是4年来，我

总共出了两本书。第二个项目就是咱们工程硕士两门课程的教学工作，计算机方向和自动控制方向，正在完成中。当然，最占我时间的还是课题，这些年课题都是一直在延续做，主要做电力和铁路上的课题，重要的合作单位就是西安铁路局，还有北京。基本上啊，这四年出差非常多。为啥呢，因为铁路这个事情啊，是涉及人身安全的大事，毕竟安全第一嘛，所以要反复试验、验证。这是一个特别漫长而且反复的过程。

访谈者：毕老师，您真厉害！我们要向您学习。您这方面都做了哪些贡献呀？

毕老师：我这辈子都跟中国铁路事业打交道啦。从1998年到现在，将近20年时间里，我大概设计了十几个产品，都已经在全国铁路上大量应用了，从北京到拉萨，北京到厦门，北京到昆明，这些主要线路都用上了我设计的产品。

访谈者：毕老师，您平常有什么兴趣爱好吗？

毕老师：我平时除了画画，就是喜欢研究。研究这研究那，把大多时间都放在思考上了。我还喜欢花草，平时种一些放在家里，看着舒心，但也经常忘记打理，都是我老伴儿帮我想着。

访谈者：毕老师，您做家务吗？平时锻炼身体吗？手机、电脑用得如何？

毕老师：我平时太忙了，很少有时间锻炼。但我平时不抽烟不喝酒，也不服用保健品，身体还行，没什么大毛病。我也做家务，做饭、洗衣、拖地，这些我都做。各种信息化设备，像电脑呀、手机呀，我用起来都没有问题。毕竟，我在教学、科研上都要使用这些设备。

编号38——78岁，男，研究所退休老教授

访谈对象情况简介：男，78岁，2001年退休，退休前在学院研究所搞技术科研，专职科研教师。退休之后帮深圳的机构搞一些技术。每天坚持锻炼，上网看新闻、论坛学习。

访谈地点：交大老年人活动中心。

老师正在和学生们亲切交谈

具体访谈内容：

访谈者：老师好，想问一些您退休生活方面的事情。您什么时候退休的？

老师：我退休 18 年了，2001 年退休的。

访谈者：您现在高寿啊？

老师：78 岁，没牙了，哈哈哈。

访谈者：您感觉精神怎么样？

老师：老了，但是挺健康的。看见你们心情很激动。毛主席说，你们年轻人朝气蓬勃，未来是你们的！的确是这样子啊！你们青春焕发，这个社会的发展就靠你们啦！

访谈者：您平时参加什么娱乐活动吗？

老师：我意识到，人不想老得快就要运动，运动才能保持身体健康。首先，每天都要走路，保持起码的运动量。我退休之后还每天运动。我现在生活蛮规律的，我在学院以前是搞技术科研的，研究所的专职科研教师，不搞教学。我一辈子也是忙忙碌碌的。退休之后，我还帮深圳的科研机构和西安的一家公司搞一些技术。交大的生命工程学院，我也参与了工作。但是，我觉得自己这几年就比较落后了，别人说的现代文盲，我就符合这一条，哈哈哈。一些新设计、新科研设备，我自己还要去学习，我就是搞这些的。工作时候，我画图画了一辈子，就没有去学 CAD 制图，现在还要学，用的多了，熟练了，也就好了。

以前的工作忙得要命，我在设计科，从设计到图纸再到加工，都是我一个人，有的时候买原料都是我自己去，最后自己再要把它们装起来。退休以后，忙这忙那，就这样一直干到72岁。

访谈者：您退休之后的生活是怎么安排的？

老师：退休之后我的生活还是比较丰富的。现在，我除了保持每天的运动量，其他时间都在网上交流。因为网上东西太多了，我们看看国际形势啊，看看新闻啦，这就是我的精神生活，忙得很！所以我的生活也挺丰富的，把时间都集中在网上啦。我网上广泛地看，看各种论坛，开阔视野，这也是给我上半辈子补补课吧。因为年轻的时候接触的东西太少了，现在上网能看见各方面的东西，这样就能认识到各种思想，开阔自己的思维和看法，不能别人说什么就是什么，要有自己的看法。

编号39——82岁，男，能动学院退休老教授

访谈对象情况简介：朱老师，82岁，男，江苏镇江人，大学本科学历。交大退休教师，职称是副教授，退休前教授制造工艺课程。当前和老伴一起居住，育有两个女儿，女儿们在交大工作。平时喜欢唱歌、创作歌曲，还喜欢陶笛、书法和爬山。

访谈地点：交大老年人活动中心。

照片中为朱老师正在接受访谈

具体访谈内容：

访谈者：您现在是一个人住还是两个人住？

朱老师：两个人住，和老伴住在一起。

访谈者：您现在带孙子吗？

朱老师：不带。两个女儿在交大实验室工作，孙子们都大了，一个刚工作，一个正在国外读大学。

访谈者：那您女儿平常经常回家来吗？肯定也比较忙吧？

朱老师：我经常去看她们。她们上班嘛，比较忙。一个女儿住的很近，也在交大社区住，过两条马路就到。另一个家比较远，我要坐公交车还要倒地铁，要一个半小时才能到。

访谈者：您之前在交大是教什么的啊？

朱老师：我教制造工艺课程，也就是现在的3D打印，3D打印现在属于机械学院。我是能动学院的老师，主要是搞汽车制造、冰箱制造这方面的研究。

访谈者：那平时您用手机吗？

朱老师：用手机，我主要是用手机发微信。但是不经常用，我觉得浪费时间，碰一下手机就要花费好多时间。

访谈者：那平时您用手机玩游戏吗？

朱老师：不不不，不玩。我手机微信里的群很多，光唱歌的群就有很多，光看群的消息都浪费很多时间。我昨天和前天还和他们一起唱歌，最近身体不好就没去了。我原来是交大退休教师合唱团的男高声部部长。我还很喜欢创作歌曲，交大一百一十周年校庆的时候我还上台表演过。

访谈者：哇，您真棒！

朱老师：我目前已经创作七八首歌曲了。交大一百周年校庆时，我也创作了一首歌曲，上过我的课的人都知道，叫《难忘的回忆》。我的学生和我聚餐的时候都会唱，我一起头他们就一起唱。最近我编了一首歌《秋天的落叶》，老同学谱的曲，我作的词。我最近还创作了一首歌《我像一条船》，他们最近在微信上发给我，我才知道，他们拿这首歌参加今年5月江苏省兴化市的演出了。这首歌一共演了三天，非常轰动。唱我这首歌的人唱得很好，法国总统萨科齐还给他发了一个骑士勋章。他是我的中学同班同学，清华毕业的，他出的一本诗。最近我俩在合作，用他的诗来创作歌曲。他是清华校友合唱团的，在全国演出，演了一百场了。在第一百场的时候，他去他老家演出，唱的是我的歌，也就是他的诗。我觉得他唱得不错，用美声唱法来唱歌。他一共唱了我的三首歌，第一首歌是《下雪了》，第二首歌是《我像一条船》，第三首歌是《我像一棵树》。这首歌是美声唱法，可能你们年轻人不怎么喜欢，有点老了。那首《卢浮宫永恒的微笑》指的就是蒙娜丽莎的微笑。他很有名，是世界诗歌委员会的委员，也是中国唯一的世界诗歌会委员。地中海国家的大学生都朗诵过他的诗，用法文朗诵的。

访谈者：那您从什么时候开始创作音乐的呢？

朱老师：我讲过一门课《超声控制》，讲的是高频超声。我研究声音怎么控制，讲话为什么会被干扰，怎样把机器噪音降低。这些知识是跟音乐相通的，也都是讲如何形成和控制声音的共鸣与共振。我现在研究陶笛，陶笛一共有12个小孔，我研究如何吹才能有效控制陶笛的声音。口腔声音是白的，传统唱法也不能只是白的，唱歌白了就不好听了，唱歌必须要把鼻音腔打开。每个人唱歌，只要你有0.05秒钟的错误我都听出来。

访谈者：哇，好厉害，我们都是唱着玩。

朱老师：呵呵，你们唱歌都是靠感觉。

访谈者：那您平常参加什么活动吗？

朱老师：我学了10年毛笔字，10年画画，但是都丢了。只有唱歌还一直在坚持。我经常给人家指导唱歌，唱卡拉OK的时候，我也会给他们指导。

访谈者：那您平常还有其他爱好吗？

朱老师：我喜欢爬山，爬秦岭。60多岁的时候，我经常去爬秦岭。现在80多岁，爬不动了。上个礼拜，我女儿还带我去革命根据地玩。

就周五，他们开车来看我，说一起去吧。我原来还是交大摄像团的委员，现在退出了。现在有手机了，就不用照相机了，经常用手机拍几张照，就是走到哪都照个一两张吧。（一起和学生们看他手机里的照片）。这是我十月到少华山拍的；这是我上个礼拜到西安美术学院拍的。刘文西，有名的画家，画了百米长卷，我就把它拍了一份。你看人家画的就很清晰很细腻，皮肤多细致啊，画得很好。你们看看，这个画你们能画出来吗？这个陕北人，黄土娃娃。这个是我在兴庆公园拍着玩的，我经常去兴庆公园玩。这就是我刚编的歌曲《一片落叶》。为什么是落叶呢？因为第一是秋天要到了，第二是我要消亡了。你看你看，这个就是我的老朋友写的词，去年我谱的曲。还有一首最好听的，叫《假如我是一只小鸟》，"假如我是一只小鸟，我要投向森林的怀抱，用我的歌喉让世界的音乐更加美妙。"这个就是他写的词啊，我觉得他写的起步很大。他的这个"小鸟"比较轻快，我这个"落叶"就比较严肃。第一段是"没有怨言没有叹息，缤纷的落叶潇洒飘落，从枝头回归大地"，从枝头回归大地，既有政策又有思想性，第二段是"没有勋章，没有颂歌，每一片叶子都是无言的诗词"。

访谈者：那您最喜欢的歌手是谁？

朱老师：我跟你讲，一个腾格尔，一个容中尔甲，还有一个是亚东。亚东有一首歌，《向往的神鹰》，我学了四年都没有学会，他后面有假声。现在还有一首《慈祥的母亲》。当然，腾格尔也是我崇拜的。我们交大不是有联欢会嘛，叫我上去表演，说我是"交大的腾格尔"。艺术还是蛮好的，特别是自己创作的。现在什么事情都要自己创作，创作是互相渗透、互相组合。

访谈者：您的退休金够用吗？

朱老师：我的退休金一个月 6000 元。但我一个月吃饭一千块钱都用不完。所以，我一年可以攒下三四万。

访谈者：那您觉得现在我们国家的养老政策怎么样？

朱老师：现在感觉好像十九大以后医疗政策更好了。我看退休办发的文件上说大病都能全报销了。

访谈者：您觉得，社会尊重或者家人尊重，哪个更重要？

朱老师：我觉得都重要。

访谈者：您平常的时候比较在乎谁对您的评价？

朱老师：因为我女儿平时也比较忙，所以她们平时很少过来。实际上呢，我是觉得人人平等吧。比如说朋友群，朋友之间相互是尊重的，你要为大家贡献，贡献是相互的。这个尊重，还要有一定的距离，即使是把他当做亲人一样的朋友。我觉得这样子的朋友是最好的。

访谈者：那您平时吸烟或者喝酒吗？早上出来锻炼吗？

朱老师：我既不吸烟也不喝酒。早上我不锻炼，就是十点钟空气好的话出来走走。

访谈者：那您有志同道合的朋友吗？就是咱们交大的，平常一起唱歌的？

朱老师：我们有歌友群，而且有好几个，这个群我们是交费的。还有些需要我们去指导的，所谓指导，就是让我们去好好听一听，欣赏为主，欣赏是第一的，指导，也就是让我们交流嘛。

访谈者：那您以前带的学生会回来看您吗？

朱老师：他们总是要来的，他们聚会的时候都要请我过去参加。我是他们的班主任，而且还带他们实习过。

编号40——83岁，男，化工学院退休老师

访谈对象情况简介：男，83岁，陕西人，中共党员，化工学院退休副教授，研究领域为高分子化学。老教授有一个儿子，目前和老伴、儿子、孙子一起生活。儿子是交大研究生毕业，在西安工作。老教授身体健康，生活能够自理，喜欢旅游，已经和老伴游遍中国，有时也打打麻将。老教授特别热爱化学研究，虽然退休了，还一直进行化学相关问题的研究，他最大的心愿就是能够有机会让他重新搞化学研究，并希望学校能够提供这样的平台，还希望再出一本书，把他的思考写下来。老教授会上网搜索信息、看新闻，还炒炒股。

访谈地点：交大老年人活动中心。

照片中老人和访谈的学生们合影

具体访谈内容：

访谈者：您目前和谁一起居住？

老教授：目前和老伴还有儿子、孙子一起住。

访谈者：您和家人之间的关系如何？

老教授：关系很好。

访谈者：您有几个孩子？他们情况怎么样？您会帮他们带孩子吗？

老教授：我有一个儿子，他是交大研究生毕业，事业发展不错，家庭经济也较好。我们年纪大了，不帮他们做家务了。

访谈者：那您与子女们经常聊天或沟通吗？怎么沟通？

老教授：我们住在一起，所以每天都能交流，呵呵，面对面交流，我经常跟孙子聊天。

访谈者：您觉得自己现在身体状况怎样？平时锻炼吗？

老教授：我现在身体状况良好，平时主要是走路锻炼。我和老伴喜欢旅游，我们退休之前走过中国很多地方。

访谈者：您现在生活能不能自理？

老教授：自理没有问题！就是有些家务想做做不动了，像擦窗户之类的就不行了。

访谈者：您家的家务活儿主要由谁承担呀？

老教授：呵呵，家务活儿主要由儿子承担。

访谈者：您会不会用电脑或者手机视频聊天？

老教授：会用，现在是信息化时代，那必须要用手机和电脑呀！

访谈者：您喜欢退休生活吗？对目前的生活状况满意吗？

老教授：不喜欢也不讨厌。目前的生活还是有些无聊。我喜欢搞科研，还是希望在自己的有生之年能再为国家做点贡献。

访谈者：您平时心情愉快的时候多吗？什么事情能让您感到幸福快乐？

老教授：这把年纪了，很少有什么让我心情波动很大的事情。

访谈者：您有烦恼或者孤独的时候吗？什么事情会导致您心情不好？

老教授：基本没有。我心情不好的原因是因为退休生活中没有化学问题可以继续研究。

访谈者：您目前生活中最大的困难是什么？

老教授：没啥困难。

访谈者：当您遇到一件很重要的事情要找人商量时，您会找谁商量？

老教授：当然是找家人商量啦。

访谈者：您觉得您儿子孝顺吗？当您有困难或者生病时，您会告诉他吗？

老教授：孝顺。我经常和他聊天。

访谈者：您在本社区内的朋友多吗？会一起出去玩或者吃饭、旅游吗？

老教授：朋友挺多的。刚退休的时候，我们还经常一起出去旅游。

访谈者：您最期望得到哪些方面的尊重？

老教授：我最需要化工学院的理解和支持。我很想重新再加入到科研队伍中去，那我的退休生活就会有趣很多，也更有意义。

访谈者：您觉得子女们在发展自己的事业方面让您满意吗？

老教授：满意。

访谈者：您喜欢子女孝顺您的方式是什么？

老教授：我觉得做饭最好。我们老了，可口的饭菜最重要。

访谈者：您在决定个人问题时，是否会受到子女的干涉？

老教授：不会！他们都很尊重我的合理意见。

访谈者：儿子家里有大事要决定，会和您商量吗？

老教授：会。他们会征求我的意见，但我一般也不过多干涉。

访谈者：逢年过节时，您以前的单位同事或者学生会来看您吗？

老教授：会。因为我是搞科研的，带学生不是很多，主要是以前单位的一些同事领导会来看望。

访谈者：您觉得整个社会对老年人尊重吗？

老教授：现在社会风气挺好的，社会还是很尊重老年人的。

访谈者：您有哪些兴趣爱好呢？现在还在坚持吗？

老教授：我的兴趣爱好是旅游。我和老伴基本上已经游遍中国了，我们还去过周边的新马泰这些国家。现在因为年纪大了，走路走不远了。不过，我最大的兴趣爱好还是搞化学研究。虽然我现在身体老化了，不能进行高强度的实验研究，但是我头脑还是灵活的，我希望可以有机会再对化学问题进行思考研究。

访谈者：您的日常活动主要有什么？

老教授：我不养宠物，不跳广场舞。本来想种花，但成效不太理想。现在就是有时来这里打打竞技麻将。

访谈者：您希望怎样来丰富您的老年生活？

老教授：我希望能多参加不同种类的比赛。现在社区只举行麻将比赛，应该再办一些如围棋、象棋、扑克等更多的棋牌类比赛。我建议学校能够创建一个老年人论坛，或者科研活动顾问论坛，让我们这些年纪大的老师也能加入到学校的科研活动中，我们还可以给年轻老师提供一些研究的意见建议嘛，可能也会对他们现在的研究有启发。要不，这一辈子的知识积累就白费了，这是知识方面极大的浪费。

访谈者：您退休后是否继续读书做研究？

老教授：我其实一直在思考化学问题，从来没有停止过。我还想把我的思考再有机会出本书，继续往下做下去。现在最大的问题是没有这方面的政策支持。学校和国家都应该多想想这方面的办法，这确实是知识极大的浪费。

访谈者：您平时是否关注时政新闻？如果有，您是从什么渠道获取的？

老教授：我现在就很关注十九大。我会通过电脑上网了解这方面的新闻。

访谈者：您是否会网络视频、玩游戏、用微信聊天、发朋友圈？

老教授：呵呵，我会看网络视频、聊天，我还炒炒股。不过，不像你们年轻人，我不会玩游戏，也不会发朋友圈。

访谈者：您对自己经济条件的评价如何？

老教授：我没啥经济负担。

访谈者：您的退休金是否够花？主要用于哪些方面的支出？

老教授：退休金够用，主要是我和老伴自用。

访谈者：您有医疗保险吗？觉得看病的经济负担重吗？您生病时子女是否会出钱给您看病？

老教授：我有医保，完全可以负担起看病的经济费用。不过，儿子也孝顺，生病住院时会请假来照顾。

访谈者：您请了保姆或者钟点工了吗？

老教授：请了钟点工。一些不太好干的家务活儿由他们来干。

访谈者：您是否有存钱的习惯？是否购买保险？

老教授：有存钱的习惯。我俩的退休金也花不完，就买了一些保险。

访谈者：目前，您享受到的退休办或社区服务有哪些？

老教授：好像除了举行麻将比赛，其他的也没啥。

访谈者：您是否去退休办或社区提出过相关要求与帮助？退休办或社区工作人员逢年过节来看望您吗？

老教授：没有尝试过提出相关要求或帮助，也没啥可需要帮助的。不过，退休办逢年过节会发一些礼品。

访谈者：咱们社区有志愿者或者社工吗？

老教授：有，这个我清楚。交大工业设计系的学生们为老人提供义工服务，帮助老人们打扫卫生、采购生活用品，还会与老人们聊天谈心。好像每周至少两次。

访谈者：您是否需要政府给您提供经济帮助？

老教授：不需要，不需要。

★★※※※※★★ 访谈结果分析 ★★※※※※★★

从上述高知老人访谈中可以看到，这一群体很多老师是不同研究领域的专家学者，有些老师虽然退休了还继续坚持科研，持续进行对这一领域研究问题的学习与思考；有些老师退休后把自己的研究成果运用于兴趣爱好，成为书法、音乐等领域的佼佼者，焕发出事业"第二春"；还有些老师则利用自己的管理特长，组织退休老师们唱歌、跳舞，成为大家的"领头雁"。从这些老师的身上，我们看到了"老有所长""老有所成"的特征，也看到正是因为有了新乐趣、新事业，他们不仅晚年生活幸福，充满活力与激情，也看到"老有所成"的可能性与必要性。所以，全社会应该更加关爱老年人成长，不要把他们视为社会的负担，而要看为宝贵的社会财富，提供平台、创造机会，让老年人也能在晚年生活中再次成就自我、贡献社会，这也是积极老龄化所要追求实现的最高目标。这正是本书所想表达的观点与宗旨——"莫道桑榆晚，为霞尚满天"！

第九章　路漫漫——访谈结果讨论与政策展望

“百善孝为先”，千年的孝道文化传承促成了中华民族尊老敬老的社会氛围，关爱和珍爱老人深植于民族文化基因内核，也为我国构建爱老、敬老的积极老龄化社会提供了重要保障。然而，快速增加的老龄化人口与“未富先老”的社会现实又让党和政府在大力推进积极老龄化社会建设的同时，尚存在某些力所不逮之处。2021年是“十四五”规划开局之年，也是向第二个百年奋斗目标进军的首个五年，党中央将建设积极老龄化社会提高到国家战略高度。本书选取40位高知老人，进行了深度访谈，以他们所思所想来呈现高级知识分子晚年生活场景之一斑，以亲历者角度来探讨高知群体对老龄阶段生活之忧喜，以期为党和政府更有针对性地应对老龄化社会的复杂样态提供施政与决策依据。

一、访谈结果的多维透视

“家有一老如有一宝”，高知老人虽有着特定的身份属性与社会特征，但也在一定程度上反映了老年人的晚年生活样态。本书以“老有所养、老有所医”“老有所学、老有所教”“老有所爱、老有所乐”“老有所长、老有所为”等维度来全方位勾勒高知老人的退休生活画卷。一方面，通过我们的访谈呈现出他们“老骥伏枥，志在千里”的乐观心态，描述了他们健康自律又积极参与社区活动的良好行为状态；另一方面，在我们访谈过程中也不时从他们的言谈中感受到他们对迈入高龄晚年生活的不安与忧虑，对子女不在身边的些许遗憾。受访的高知老年群体多属于子女远离身边的“空巢家庭”，子女虽事业有成但在陪伴老人、精神慰藉和日常看护等方面欠缺甚多，因而，在解决了

“老有所养、老有所医”等基本需求后，如何满足精神慰藉方面的需求，满足高龄阶段的日常护理需求，成为该群体亟需解决的难题。

本书通过对40位高知老人的深度访谈，发现这些受访者身上有着若干共同的优点能够让他们享受积极健康的晚年生活：

（1）注重身体锻炼，生活起居规律。老年阶段是人体进入身体机能加速衰退的时期，健康的体魄是乐享晚年生活的重要保障。在我们访谈过程中，发现很多老人保持散步、打乒乓球、跳广场舞等运动习惯，并长期坚持早起早睡，这已经内化为他们的晚年生活模式。究其原因，他们认为，健康的身体不仅是他们保证晚年生活质量的首要条件，而且是给处以事业奋斗期的子女们少添麻烦的必要条件，因而，这些老人已经把锻炼身体、维持健康体魄视为自己晚年阶段的重要任务去努力完成，拥有很强的动力。

（2）拥有积极心态，追求兴趣爱好。老年阶段伴随着衰老的加速，老年人往往会出现记忆力下降、行动不便等问题，也容易滋生焦虑、忧愁、悲观等消极情绪，是需要进行心理调适的重要时期，因而心理健康是老年人乐享晚年生活的另一个重要保障。从我们的访谈中可以看到，高知老人普遍拥有积极健康的心态，他们一方面主动承担起抚养教育下一代的重任，在陪伴孙辈成长的过程中享受天伦之乐，另一方面还努力培养并长期坚持自己的兴趣爱好，诸如书法、绘画、音乐、舞蹈、摄影等，积极参加社区及退休办组织的各项活动，并在活动中结识与扩大自己的朋友圈，与志同道合的朋友们一起乐观面对晚年生活中可能出现的问题与困难。

（3）家庭关系和谐，子女教育成功。和谐的家庭关系是事业成功的基石，也是乐享晚年生活的重要条件。从我们的访谈中可以看到，除去极少数丧偶老人外，大部分老人夫妻间关系和谐，生活中能够彼此扶持。他们和谐的夫妻关系与和睦的家庭氛围给子女带来良好的行为示范，加之一贯高度重视子女教育，使得这些高知老人们的子女很多事业有成、家庭幸福。和谐家庭与子女教育的成功，这一方面可以显著增加老人们的幸福感，在访谈中很多老人提到自己的孩子时都自然涌现出强烈的自豪感，另一方面子女事业有成、经济独立又可以为老人们提供良好的养老物质保障，在访谈中很多老人谈到他们食用的保健品都是来自国外子女的供给，也提及遇到重大疾病时子女会提供金钱上的帮助，这些大大增加了老人们的晚年生活安全感。

（4）关心社会发展，愿意积极服务社会。高知老人们经历过国家发展的曲折与困难时期，他们对当今中国的发展格外关注，对当下的幸福生活格外珍惜。这些老人长期坚持通过读报、看电视、上网等方式来了解国家发展的新闻资讯，很多老人是《新闻联播》的拥趸。从我们的访谈来看，不少老人在退休后或帮助子女照顾下一代，或继续从事科研工作，或返聘回校带研究生，或不断思考为学校更好发展建言献策，在丰富自己晚年生活的同时，也达到发挥余热、贡献社会的目的，人生价值有了新内涵、新拓展。

上述内容是我们对高知老人群体访谈时从他们身上总结出的一些共通性特点。但是，在深度挖掘访谈内容与接受访谈老人们的细节表现后，我们也感受到老人们对晚年生活特别是进入高龄阶段的养老问题存在着如下的忧虑之处：

（1）子女不在身边，无法得到充分照料。高知老年群体中很大一部分属于“空巢老人”，即使是子女在西安工作的，也多数选择独立养老。现阶段接受访谈的老人绝大多数能够生活自理，独自养老问题不大，但均表现出对未来高龄阶段养老问题的担忧。

（2）看病不方便，期待更为便捷的医疗服务。进入老年阶段，老人们身体疾患增多，看病就医需求明显增加。从我们访谈中发现，这些退休老师居住的社区仅有一所社区医院，能满足老人们简单的就医需要，看一些重大疾病时医疗资源明显不足。现阶段，一些老人已经无法独自完成排队、挂号、看病、输液等活动，因而特别渴望能够享受到更便捷的就诊服务，也希望社区能够提供更丰富的医疗资源。

（3）家庭养老受限，希望提供社区养老新模式。养老问题已成为制约中国构建积极老龄化社会的一大难题。对这 40 位老人的深度访谈，让我们对“养老难”问题有了非常直观的认识。这些老人谈及他们的养老打算时，一方面认为依靠子女养老不现实，子女们或在国外或在一线城市忙于事业打拼，分身乏术、无暇顾及照料老人；另一方面认为社会化养老条件不具备，福利性的养老院床位申请困难，商业性的养老院收费过高，条件好些的养老院一位老人动辄一个月收费高达上万元，让他们望而却步，因而不约而同地提出希望建立社区互助式养老新模式。从实际情况来看，老人们居住的社区是典型的熟人社会，老人们彼此非常熟识，他们希望社区可以单独划分出几栋楼给老人们集中养老，或者将现有楼房腾出一些空置房，用多种形式来实行互助式养老。

（4）服务社会渠道受阻，希望继续发挥自身专长。很多高知老人退休前都承担着重要的科研、教育、行政管理等工作，不少还是知名的专家学者。不少老人在访谈中都提及很希望退休后能够有机会继续工作，或者把自己的长期思考以著作的形式出版，或者以学术顾问的形式参与课题、指导年轻老师成长。但目前这种渠道还不畅通，缺少有效参与的机制，也使得一些老人深感遗憾。

二、推进积极老龄化社会建设的政策建议

中国老龄人口在“十四五”期间预计突破 3 亿人，老龄社会将从轻度老龄化迈入中度老龄化，因而，加速构建积极老龄化社会既是我国建设社会主义现代化强国的本质要求，也是满足老年人对美好生活要求的必然之举。积极老龄化的核心理念是以“老年获得”的正能量去平衡“老年丧失”的负能量，在社会支持下实现成功老龄化，本书认为可以从以下几方面来努力践行。

1.以社区为中心探索多元化养老方式，实现“老有所养”“老有所医”

当前，对于老年人来说，最大的难题是如何解决好高龄阶段丧失自理生活能力后的看护照料问题。从中国城镇老年人的居住分布情况来看，以社区为中心的熟人社会是他们生活的典型场景，他们也期待社区能够成为他们的养老归属之地。结合本书对高知老人的访谈情况，我们提议应加紧构建以社区为中心的多元化养老模式。第一，社区引入商业养老力量实行集中供养。目前，比较成熟的养老品牌为“泰康之家”，已经在全国建成 8 个大型社区养老中心并获得养老 LEED 金

级认证。高知老人工作单位固定，养老金有保障，加之社区、退休办可以作为监管单位在引入商业养老后加强对老人们的养老监护，从而提供社区一站式社区养老服务，为解决高知老人“养老难”问题提供一条有效途径。第二，社区加强智慧养老服务，着力解决老人“看病难”问题。从我们的访谈中看到老人们普遍能够熟练使用智能手机，加之交大一附院、二附院有着丰富的医疗资源，使社区实施智慧养老有了前提条件。目前，急需的工作是开发出一款适合老年群体使用的手机终端 APP，可以方便及时地上传老人相关医疗信息与电子病历，建立起动态化、精准化的老年人医养数据库。一旦老人发生重大疾患时，由负责的社区家庭医生申请“绿色就医通道”，一站式解决老人们“看病难”问题。第三，社区引入志愿者团队，进行“互助式养老”。在我们的访谈中印象最深刻的是很多属于低龄组老人的强烈服务意愿，他们觉得自己身体健康，愿意把自己的时间和精力贡献出来服务其他老人。因而，社区或者退休办可以借鉴“时间银行”理念，建立老年人志愿服务档案，详细记录老年人提供的服务时间、内容，建立起社区互助养老组织。社区或退休办以自愿、有序为原则，组织社区中相对年轻且身体健康的老年人照料年长且身体不能自理的老年人，以“一对一”结对方式来帮助这些行动不便的老人做饭、洗澡，推他们出门散步、聊天，在相互照顾中实现对高龄老人的身体照料、精神关怀与心理疏导，从而解决高龄老人“看护难”的问题。

2.以老年大学为中心激发老年人学习兴趣，实现“老有所学”“老有所教”

中国正在努力建设终身学习型社会，老年大学是老年人步入人生“第二春”之后的重要学习场所。通过参加老年大学有组织的学习，老人们不仅可以开发学会晚年新技能，而且可以增强他们的学习进取心，激活大脑潜能，延缓衰老速度，更重要的是可以通过集体学习来建立与社会接触的新渠道，消除子女不在身边的“孤寂感”。从现实情况来看，高知老人群体拥有得天独厚的教育资源，一方面，很多老人本身就是老师，拥有一技之长，完全有能力承担老年大学的授课任务；另一方面，高校里有很多美术、音乐、舞蹈等专业课老师，可以聘请他们到老年大学来提供高质量、专业化的教学服务。因而，“十四五”期间，社区与退休办应积极依托交大师资力量，继续办好老年大学，以丰富多样的课程设置、以良好的教学条件、以高水准的教学水平来吸引更多退休老人进入老年大学学习，从而更好实现“老有所学”“老有所教”的积极老龄化社会建设目标。

3.以老年社团为中心培养老年人特长爱好，实现“老有所爱”“老有所乐”

人是社会性动物，进入老年阶段，最需要的是精神慰藉。在高知老年群体中存在大量“空巢老人”，对于他们而言，晚年最重要的是能够及时获得亲情与友情的支持，在这方面老年社团可以发挥积极作用。以交大为例，退休老年社团有合唱团、书画院、摄影协会、兴庆诗社、英语会话学社、葫芦丝艺术团、舞蹈队、瑜伽协会等，这些社团不仅可以使老年人拥有一群志同道合的朋友，而且可以通过开展活动来陶冶老年人情操、排解晚年的寂寞，甚至还可以通过参加各种比赛来激发他们晚年拼搏进取的斗志。“十四五”期间，要更好地发挥老年社团的作用，必须一方面要加大党和政府的扶持力度，给这些老年社团提供开展活动所必须的经费和场地，另一方面还要发挥社团积极动员的作用，利用抖音、快手等视频形式把老年人的精彩活动及时向社会展示出来，并通过组织丰富多彩的活动来吸引更多老年人参加。此外，老年社团还可以与社会上其他青年社团、专业社团等一起开展活动，在相互交流中提升社团组织水平。

4.以基层老年党组织为中心搭建多元化平台，实现“老有所长”“老有所为”

在退休老年人中，拥有大量党员。以交大为例，截至 2020 年底，交大党员数量为 22828 人，其中离退休党员有 2552 人，占整体党员数的 11.18%，离退休教工党支部有 66 个、离退休家属党支部 1 个。很多老党员积极参加党支部组织的各项活动，并在生活中严格自律，在离退休老人中起到模范先锋作用。“十四五”期间，离退休党支部不仅要做好日常的党员管理、学习工作，还应该发挥战斗堡垒的作用，把老党员有效动员起来，如组织老年宣讲团来开展“建党一百周年”宣传活动，组织老年志愿者服务队为行动不便的老人送温暖，组织老年学习帮扶团帮助一些不会用智能设备的老人学会使用这些设备，组织老年医疗护理队帮助就医困难的老人看病买药，等等，从而让他们在晚年生活中再次发挥自身余热，也以行动生动展示了老年党员的先进性。

当前，在如何看待老龄化问题的态度上，我国一部分人存在着两种误区，一种是对老年人角色定位的误区，单纯把老年人看作被关怀、被照顾的对象，而忽视了老年人身上所蕴含的积极性与能动性，使宝贵的老年人力资本被长期闲置；另一种是对养老需求定位的误区，把养老问题简化为老年人衣食住行的满足，忽视老年人精神慰藉与自我价值实现的满足，使老年人“老有所为”渠道短缺。究其根源，是在老年事业发展过程中没有牢牢树立起“积极老龄化”的理念。未来，我国要走一条养老成本低、服务品质高、具有中国特色的积极老龄化之路还有很多需要探索的地方，本书希望以这些高知老人的所言、所行、所思、所想为“为霞尚满天”的积极老龄化社会建设展现出一种可能性与可行性景象。

参考文献

[1] 张烁 . 中共中央国务院举行春节团拜会 [N]. 人民日报，2019-02-04(1).

[2] 刘文 , 焦佩 . 国际视野中的积极老龄化研究 [J]. 中山大学学报 (社会科学版),2015,55(1):167-180.

[3] 杨昕 . 健康老龄化进程中的综合社会政策响应 [N]. 中国社会科学报，2019-08-09(4).

[4] 利维巴茨 . 繁衍：世界人口简史 (第三版)[J]. 郭峰 , 译，北京：北京大学出版社，2005.

[5] 彭希哲 , 胡湛 . 公共政策视角下的中国人口老龄化 [J]. 中国社会科学 , 2011(3):131-138,222-223.

[6] 胡湛 , 彭希哲 . 对人口老龄化的再认识及政策思考 [J]. 中国特色社会主义研究 ,2019(5):60-67.

[7] 陈红梅 , 黄石松 . 全球性人口老龄化的挑战与中国应对 [J]. 中国国情国力 ,2019(9):32-34.

[8] 杜鹏 , 董亭月 . 促进健康老龄化 : 理念变革与政策创新——对世界卫生组织《关于老龄化与健康的全球报告》的解读 [J]. 老龄科学研究，2015，3(12)：3-10.

[9] 陶涛 , 王楠麟 , 张会平 . 多国人口老龄化路径同原点比较及其经济社会影响 [J]. 人口研究 ,2019,43(5):28-42.

[10] ALAN P, LYDIA B, Our aging society: paradox and promise[J]. Social Gerontology, 1986(6):24-26.

[11] 张善余 , 彭际作 , 俞路 . 总量开始减少的欧洲人口形势分析 [J]. 欧洲研究 , 2005(2):92-102.

[12] 刘娜 , 马永红 , 郭向荣 . 欧洲应对老龄化困境的政策实践与启

示 [J]. 西北人口，2011，32(1):27-30.

[13] 杨伟国 . 人口老龄化挑战欧洲就业 [J]. 求是杂志 ,2005,(13):59-61.

[14] 马毓鸿 . 欧洲面临气候变化、老龄化和数字革命严峻挑战 [J]. 中国社会科学报 ,2019-06-13(5).

[15] 范硕 , 李俊江 . 亚洲人口老龄化的发展、挑战以及应对策略 [J]. 人口学刊 , 2013,35(4):32-41.

[16] 史密斯 , 永年 . 困局：亚洲养老仍停留在家庭范畴内 老龄化亚洲的现实和展望 [J]. 博鳌观察 ,2013(3):42-44.

[17] 张宝珍 . 日本人口老龄化与社会经济的发展 [J]. 世界经济，1990,(5):45-49.

[18] 梁颖 . 日本的少子化原因分析及其对策的衍变 [J]. 人口学刊 , 2014,36(2):91-103.

[19] 曾婧 . 日本少子老龄化对策探微 [J]. 河北大学学报 (哲学社会科学版), 2018,43(5):143-152.

[20] 超越日本，韩国创造一项世界纪录，但这是个大危机！ [DB/OL] 每日经济新闻网 [2019-01-1]，http://www.nbd.com.cn/rss/zaker/articles/1367833.html.

[21] 原新 . 积极应对人口老龄化是新时代的国家战略 [J]. 人口研究 , 2018, 42(3):3-8.

[22] 党俊武 . 新时代中国老龄产业发展的形势预判与走向前瞻（上）[J]. 老龄科学研究 ,2018，6(11):3-27.

[23] 穆光宗 . 有品质的养老 : 新生代城市老人的新追求 [J]. 人民论坛 , 2019(13):72-73.

[24] 董云花 . 浅谈陕西省人口老龄化问题 [J]. 智库时代，2018(38):167,169.

[25] 主宾省陕西省即将亮相 2020 浦江创新论坛 [DB/OL]. 新华网 [2020-10-14]. http://www.xinhuanet.com/tech/2020-10/14/c_1126610422.htm.

[26] 西安市老龄化趋势及其影响分析 [DB/OL]. 陕西省统计局 [2021-01-03]. http://tjj.shaanxi.gov.cn/site/1/html/126/131/139/20478.

htm.
[27] 杜鹏，王永梅．改革开放 40 年我国老龄化的社会治理——成就、问题与现代化路径 [J]. 北京行政学院学报 ,2018(6):13-22.
[28] 中共中央党史和文献研究院．十九大以来重要文献选编（上）[J]. 北京：中央文献出版社，2019.
[29] 胡湛，彭希哲．应对中国人口老龄化的治理选择 [J]. 中国社会科学，2018(12):134-155,202.
[30] 翟振武，陈佳鞠，李龙．中国人口老龄化的大趋势、新特点及相应养老政策 [J]. 山东大学学报（哲学社会科学版），2016(3):27-35.
[31] 董克用，王振振，张栋．中国人口老龄化与养老体系建设 [J]. 经济社会体制比较，2020(1):53-64.
[32] 陆杰华，郭冉．从新国情到新国策：积极应对人口老龄化的战略思考 [J]. 国家行政学院学报，2016(5):27-34,141-142.
[33] 穆光宗，茆长宝．人口少子化与老龄化关系探究 [J]. 西南民族大学学报（人文社科版）,2017,38(6):1-6.
[34] 王回澜．独生子女家庭养老的现状与问题 [J]. 人口与发展，2006(4):62-68.
[35] 葛庆军．空巢老人心理健康状况及影响因素探究 [J]. 心理月刊，2019,14(13):53.
[36] 范建双，高骞，周琳．城乡人口老龄化对城镇化的双边效应 [J]. 中国人口科学，2020(2):69-80,127.
[37] 赵仲杰．共同行动：构建社区居家养老服务体系 [N]. 北京日报，2020-02-06(8).
[38] 葛延风，王列军，冯文猛，等．我国健康老龄化的挑战与策略选择 [J]. 管理界，2020，36(4):86-96.
[39] 刘家强．老年人力资源开发是解决老龄问题的基础 [N]. 光明日报，2014-10-28(12).
[40] 阎毅强．发挥老年群体潜在价值 助力实现中国梦 [J]. 老龄科学研究，2014,2(12):45-53.

[41] 李超，王雷.海外移民潮背景下留守老人代际情感影响分析——以北京市为例 [J]. 北京社会科学 ,2014(7):57-64.

[42] 于潇宇，班晓娜.需求层次理论视域下高知空巢老人养老需求分析——基于大连部分高校调查 [J]. 辽宁经济，2018(5):28-30.

[43] 杨善华，贺常梅.责任伦理与城市居民的家庭养老——以“北京市老年人需求调查”为例 [J]. 北京大学学报（哲学社会科学版），2004(1):71-84.

[44] 陈文玲.“亲而不近”：城市知识分子空巢家庭的亲子关系——以北京市 B 大学退休教师养老状况为例 [J]. 中国青年政治学院学报 ,2008(2):134-139.

[45] 田清涞.北京大学空巢老人居家养老问题调查 [J]. 中国老年学杂志 ,2014,34(14)3996-4003.

[46] 金瑞文，班晓娜.高知空巢老人养老方式选择意愿及影响因素分析——以大连地区为例 [J]. 辽宁经济 ,2018(7):40-43.

[47] 孙传远.老年人远程学习现状调查研究——以上海老年人为例 [J]. 中国远程教育，2013(12):41-46, 96.

[48] 杜鹏，伊密，张鹏，曲嘉瑶，丁志宏.北京市“健康老人”研究 [J]. 人口与经济，2007(2):55-59.

[49] 王艳芳.高校退休教师社会参与的影响因素研究 [D]. 兰州：西北师范大学，2020.

[50] [英] 马歇尔.经济学原理（上）[M]. 朱志泰，译，北京：商务印书馆，1994.

[51]GERGEN M M, GERGEN K.J. & Gergen M., Positive ageing: new images for a new age[J]. Ageing International, 2001,27(1):3-23.

[52]KINSELLA K,PHILLIPS DR Global ageing: The challenge of success[J].Population Bulletin, 2005,60(1):3-40.

[53]LASLETT P. A fresh map of life:the emergence of the Third Age[J]. Cambridge Massachusetts Harvard University Press,1991,16(2):363.

[54]ROWE J. W , KAHN R L. Human aging: usual and successful[J]. Science.1987, 237(4811):143-149.

[55] WILLIAM J. STRAWBRIDGE & MARGARET I. WALLHAGEN & RICHARD D.Successful aging and Well-being: self-rated compared with rowe and kahn[J]. The Gerontologist,2002,42,(6):727-728.

[56]DEPP C A, JESTE D V., Definitions and predictors of successful aging:A comprehensive review of larger quantitative studies[J],The American Journal of Geriatric Psychiatry, 2006,14(1):6-7.

[57] ELIZABETH A. PHELAN L A. ANDERSON A Z,et al. Older adults " views of 'successful aging' —how do they compare with researchers" definitions?[J], The American Geriatrics Society, 2016, 52,(2):211-212.

[58] 范方春、吴湘玲：老龄问题应对理念的辨析——历史和比较的视野 [J]. 社会保障研究，2018(4):13-21。

[59] BUTLER R, Productive Aging[M]. Bengtson and Schaie eds. Springer, 1982.

[60] RILEY M W, ROBERT L.KAHNF, et al. Age And Structural Lag: Changes in Work, Family, and Retirement[M],Wiley,1994.

[61] BASS S A, FRANCIS G. CARO, The New Politics of Productive Aging[J]. Greenwood Press. 1992, 2,(3): 59-79.

[62] 张耀华：从健康老龄化到积极老龄化——人口老龄化的应对之策 [J]. 改革与开放，2018(8):83-84.

[63] 邬沧萍、彭青云：重新诠释“积极老龄化”的科学内涵 [J]. 中国社会工作 , 2018(17):28-29.

[64] 李连友、李磊：构建积极老龄化政策体系 释放中国老年人口红利 [J]，中国行政管理 , 2020(8):21-25.

[65] 邬沧萍 , 积极应对人口老龄化理论诠释 [J]. 老龄科学研究 , 2013(1):4-13.

[66] 边恕 , 黎蕳娴 . 积极老龄化视角下的我国多维养老服务体系研究 [J]. 辽宁大学学报 (哲学社会科学版),2019,47(2):83-91.

[67] 林卡 , 吕浩然 . 四种老龄化理念及其政策蕴意 [J]. 浙江大学学报 (人文社会科学版),2016,46(4):136-143

[68] 曹天刚 . 陕西省居家和社区养老服务改革全面提速 [J]. 中国社会报 ,2020-09-10(4).

[69] 为了最美夕阳红　习近平总书记牵挂的民生事之“老有所养”篇 [J]. 中国民政，2019(15):8-9.

[70] 候蔺 . 积极老龄化视角下我国积极养老的实践探索 [J]. 老龄科学研究 , 2017, 5(12):18-30.

[71] 习近平 . 在二〇一九年春节团拜会上的讲话 [N]. 人民日报 , 2019-2-4.

后记

按照联合国统一标准，当一个国家或地区60岁以上老人达到总人口的10%，65岁老人占总人口的7%，进入“老龄化社会”；65岁以上人口占总人口的比例超过14%，则进入“老龄社会”；比例达20%，则进入“超老龄社会”。截止2019年底，中国65岁以上的老年人达1.76亿人，占总人口比例为12.6%。我国1999年就已进入“老龄化社会”，目前尚未完全进入“老龄社会”，但我国老龄化速度非常快，因而如何积极有效应对老龄化问题，不仅是一个人口学问题，更是一个重大的社会治理问题。

在几千年的中华文明中，从“家有一老，如有一宝”到“老当益壮，宁移白首之心？”再到“老骥伏枥，志在千里”，老年人不仅仅是人口学意义上的标签，更被视为宝贵的社会财富。但在很长的历史时期内，受制于社会经济条件的制约，如何让老年人安享晚年，我们没有很好的解决好这一问题，“老吾老以及人之老”既是我们的期盼又是我们的忧虑。

新中国成立之后，特别是改革开放以来，我国高度重视老年问题，国家投入大量人力、物力、财力用于老龄化问题治理，努力让老年人安享晚年。进入社会主义新时代以来，党和国家在老龄化问题上已树立起积极老龄化的理念，习近平总书记多次强调“自古以来，中国人就提倡孝老爱亲，倡导老吾老以及人之老、幼吾幼以及人之幼。我国已经进入老龄化社会。让老年人老有所养、老有所依、老有所乐、老有所安，关系社会和谐稳定。我们要在全社会大力提倡尊敬老人、关爱老人、赡养老人，大力发展老龄事业，让所有老年人都能有一个幸福美满的晚年。”党的十九大以来，以“老有所养”“老有所依”“老有所乐”“老有所为”等“六老”目标为老龄化事业发展宗旨，我国已经构建起养老、孝老、敬老的政策体系和社会环境，并在积极推进医养结合，加快老龄事业和产业发展，这为积极老龄化的实现奠定了良好的保障条件。

本书是西安交通大学马克思主义学院中国马克思主义研究所“毛泽东思想和中国特色社会主义体系概论”课程的重要教学成果。本书作者杜晓燕、沈沛、邱陶长期从事这门课程的教育教学，带领学生们围绕“老龄化”社会问题开展了一系列调研。我们选取交大退休老师作为访谈对象，带领学生们深入了解高知老人这一特定群体的精神世界与晚年生活，并把其中具有代表性的四十位老师的访谈记录展示出来，以供对这一问题有兴趣的同人阅读、探讨。从这些高知老人身上，我们看到了积极老龄化实现的可能性与必要性。他们不少年事已高，比如，接受我们访谈的老师中有两位是九十岁以上的老人，还有不少是西迁老教授，从他们身上，我们可以看到一些共有特征，如重视身体锻炼，有自己的兴趣爱好，家庭和谐，关心社会发展，积极参与社区或退休办组织的集体活动等。不过，也看到，这些老人有很多子女都不在身边，少数子女在西安工作、生活的老人，也是选择和老伴两人独立生活，有很强的独立养老意识。他们在尊重子女事业发展的同时，也渴望拥有独立而丰富的晚年生活。在交大的长期工作与生活，让他们构成一个典型的熟人社会，他们也更加倚重和希望社区养老，甚至是“互助式养老”。

本书的写作过程得到了西安交通大学马克思主义学院和交大退休办不少老师以及同学们的帮助，篇幅所限，恕不一一列出。本书第一章、第二章由马克思主义学院博士生王明、硕士生李卓谦完成，第三章、第四章由马克思主义学院博士生张江楠、硕士生夏昕完成，马克思主义学院博士生刘蓓蓓、硕士生侯婧琪也对本书做了大量校对工作，在此一并感谢。当然，更应该感谢参与本次调研的同学们，你们是本书的最大贡献者！这里节选一些学生的调研感受呈现出来：

2017 级雕塑专业学生温一帆：“教授对于科研工作的那份热爱与执着，是对我们年轻人的一种鞭策和鼓励，是我们在工作和学习中遇到困难时不放弃、不断进步的动力。”胡立军：“不经历风雨，怎么见彩虹？不苦心智，怎么降大任？人生祸福犹如昼夜交替，何必去计较眼前得失。长路漫漫伴我闯，上下求索理应当！蓦然回首，岁月流，百事芳！”

2016级环设学生张晟祎：“不要让父母总在等待。”“设计高知群体老年人之家，包括老年人日常居住，有专人陪伴，满足于老年人喜欢的群居生活，实现生活娱乐一体化。”

2017级宗濂班同学们：“最为关键的是要鼓励子女更多地探望老人，不仅要从文化、道德方面进行引导，如大学生在学校和社会举办或参与一些宣传活动，还应在经济、制度等方面有所鼓励，如带薪的探亲假。”“鼓励大学生以志愿者的形式对老人进行探望，建立相对固定的探望机制而非通过零散的活动探望。”

最后，用一句话概括大家的心声：“祖国未来的奇迹，有您的一份汗水！”

本书编写组

2020年11月28日